WEGE ZUR HEILUNG

ISBN 3-9807560-9-2

10709 Berlin
Ballenstedter Straße 16 b
Telefon 0 30/8 91 20 62
Telefax 0 30/8 91 20 63
www:bruecke-zur-freiheit.de
info@bruecke-zur-freiheit.de

Gesamtherstellung:

SCHWENK
DIE DRUCKEREI
72336 Balingen · Rohrackerstraße 4

Vorwort von Meister EL MORYA gegeben:

„Die grossen Veränderungen beginnen, wenn bisher Ungesehenes sichtbar wird.

Die Stellung des Menschen zur Natur und zur gesamten Erdenwelt ist in den letzten Jahrhunderten nicht mehr die gleiche wie zu früheren Zeiten. Er hat die Verbindung zur Natur in den meisten Fällen verloren und nimmt das, was er braucht, um sein Leben zu fristen, ohne Rücksicht auf die Belange anderer Wesen.

Gewiss ist die große Zahl der Menschen, die jetzt auf Erden verkörpert ist, ein Grund dafür, dass die Naturwelt benutzt und ausgebeutet wird. Doch auch sie könnte ohne weiteres ernährt werden, ohne Raubbau an der Erde zu treiben, wenn es auf die rechte Weise geschehen würde. Doch da diese Beziehung zur Natur so in den Hintergrund des menschlichen Bewusstseins getreten ist, wird auch aus Profitgründen dieser Idealzustsand vorerst noch nicht erreicht werden.

Gewiss wird einmal eine Zeit kommen, in der die Not die Menschen enger zusammenrücken lässt und ein Stückchen Erde ein Segen für jeden Menschen sein wird, wo er seine Nahrung anbaut und wieder Kontakt mit der Naturwelt aufnimmt.

Wir wollen keine negative Zukunft heraufbeschwören, doch einiges muss geschehen, um die Menschen aufzurütteln, damit ihnen klar wird, dass sie im Begriff sind, ihren Lebensraum zu zerstören und dass sie einhalten mit diesem Tun und wieder Kontakt mit den Wesen der Natur suchen. Gewiss geschieht das alles nicht, ohne dass die Menschen die lichten Kräfte immer mehr in Bewegung setzen, und dass dies nicht nur ihr Schüler tut, sondern noch viele auf diesen Weg finden.

Alle Probleme, die sich die Menschen geschaffen haben, sind nur mit Hilfe der Lichtenergien zu lösen und mit der Hilfe all derer, die den Menschen vorausgegangen sind und ihnen Führer sein möchten bei dieser großen Umstellung, die einmal die ganze Erde erfassen wird. Mögen noch viele Menschen erkennen, dass das Leben so wie bisher keine Zukunft hat, sondern dass jeder Einzelne sich wieder in Liebe dem ‚ungesehenen' Leben zuwenden muss, wenn er sein Dasein erhalten will.

Es wird die Zeit kommen, da das bisher Ungesehene sichtbar wird, und das wird die größte Veränderung auf der Erde und in jedem Menschen selbst ergeben.

Lasst uns diese kleine Vorschau geben, ihr Schüler, damit ihr selbst und auch eure Lieben einen Einblick in zukünftiges Geschehen erhaltet und genügend Zeit bleibt, um euch darauf einzustellen."

Soweit der Meister EL MORYA.

Diese Schrift möchte etwas von dem vermitteln, was der Meister hier andeutet: ein wenig Einblick in bisher Ungesehenes zu erhalten.

Was geschieht im feinstofflichen Bereich, wenn wir die Kräfte der Heilung herbeirufen, wenn wir Hinübergegangenen helfen wollen oder wenn wir in die Naturwelt gehen und mit den Wesen Kontakt aufnehmen, die dort wirken? Auch sie bemühen sich um Hilfe für uns, damit wir bei Unwettern geschützt bleiben. Mögen die Worte unserer großen Lichtfreunde und die sie begleitenden Bilder und Farbschwingungen ein Echo im Herzen des Lesers finden.

Die Arbeit mit den lichten Kräften wird anschaulicher, wenn wir sehen, was Hellsichtige dabei wahrnehmen und wie die Lichtwelt sofort auf unsere Anrufungen reagiert und ihre Kräfte in Bewegung setzt. Die Vielfalt der Formen und Farben ist unerschöpflich, und in allen sind Schönheit, göttliche Ordnung und Harmonie zu erkennen.

Wir wünschen diesem besonderen Buch eine weite Verbreitung.

Senta Ramin
Jutta Vogler
Martin Vogler

Der Tempel der Wahrheit und Heilung

Über der Insel Kreta im Mittelmeer pulsiert im Ätherreich der Tempel der Wahrheit und der Heilung als Brennpunkt des Aufgestiegenen Meisters HILARION, Chohan des Fünften Strahles, und seiner Bruderschaft. Er dient einem ganz besonderen Zweig der Geistigen Hierarchie. Die Bestrebungen gehen dahin, das Interesse und die Arbeit der wissenschaftlich begabten Menschen zu unterstützen und den von Krankheit geplagten Menschen zu helfen. Die Wissenschaft schließt die Kenntnis und das Studium darüber ein, wie der Schöpfungsprozess im Universum vor sich geht und wie die jeweiligen Anordnungen auf den Planeten in Übereinstimmung mit dem göttlichen Plan aufrechterhalten werden.

Der Strahl ist smaragdgrün mit goldener Aura. Die Gewänder der Brüder und Schwestern des Tempels sind weiß und haben über der Brust eine Lampe in Form eines antiken Öllämpchens gestickt. Dieses Symbol wurde durch die Tätigkeit der Bruderschaft verkörpert, als Diogenes 412 vor Chr. zu den aktiven Mitgliedern des Ordens gehörte. Es drückt die unnachgiebige Suche nach Wahrheit aus und ist auch das Zeichen des Gelübdes, das alle Mitglieder der Bruderschaft abgelegt haben.

Der Tempel ist eines der ältesten Schulungszentren der Erde. Hier wurde schon in früheren Zeitaltern Unterricht in der Magnetisierung des universalen Lebens und im Aktivieren der bewusst gelenkten Strahlen erteilt, durch die es möglich ist, eine Form zu erschaffen oder aufzulösen, je nach dem Wunsch der göttlichen Intelligenz, die diese Strahlen in Bewegung setzt und lenkt.

Hier werden die mathematischen Formeln erklärt, mit denen Sonnen, Planeten und Atome erschaffen und erhalten werden. Hier wird den Schülern auch gezeigt, wie durch kontrollierte Gedanken und Gefühle die Geschwindigkeit der Atome, die Bewegung der Elektronen und die Dauer der Formen bestimmt werden können.

Präzipitation, also das Erschaffen und Ätherisieren sind die Fähigkeiten, die hier gelehrt werden, wenn die Schüler diese Gaben zum Zwecke des Fortschritts der Menschheit anwenden.

Meister HILARION war auf Atlantis ein Priester der Wahrheit und Heilung und floh mit seinen Getreuen und der Flamme nach Griechenland, kurz bevor der Kontinent in den Wogen versank. Hier gründete er den Brennpunkt der Wahrheit, worauf auch das Orakel von Delphi zurückzuführen ist. Während vieler Jahrhunderte flutete von diesem Brennpunkt aus die Strahlung der Wahrheit und Heilung um die Erde.

In anderen Verkörperungen war HILARION Saulus von Tarsus, der später zum Apostel Paulus wurde. Im 3. Jahrhundert nach Christus inkarnierte er in Tabatha bei Gaza in Palästina. Er wurde in Alexandrien erzogen und gründete ein Kloster in Palästina. Zwanzig Jahre lang lebte er als Einsiedler in der Wüste und schulte später viele

Jünger. Eine andere Inkarnation war die des neuplatonischen Philosophen Jamblichos. Er vollzog seinen Aufstieg in die Vollendung und ist besonders den Atheisten und all jenen verbunden, die den Glauben verloren haben. (s. Anrufung M 12)

Elohim VISTA, das "Allsehende Auge Gottes" (auch Cyclopeia genannt), vertritt mit seiner Zwillingsflamme KRISTALL die fünfte Stufe der Präzipitation und Konzentration. Er ist Mitglied des Karmischen Rates und der Meister der Musik.

Der Erzengel RAPHAEL arbeitet ebenfalls im Tempel der Heilung und Wahrheit mit und vertritt die Strahlung der Weihung, besonders für die Erde in dieser Zeit der Wandlungen und für jeden Menschen mit einer besonderen Aufgabe. Er hat in jüngster Zeit einen eigenen Lichtbrennpunkt der Weihung errichtet, weil die Erdenwelt jetzt dieser Strahlung bedarf, um in ein neues Zeitalter eintreten zu können und um die Menschheit darauf vorzubereiten. Dieser Brennpunkt ist mit dem Tempel des Meisters HILARION über Kreta verbunden. Er sagt dazu:

Gebt das Licht frei in euch, lenkt es in alle Zustände, die ihm nicht entsprechen. Lenkt es auch in euer äußeres Selbst, in die niederen Körper, damit sie geklärt und gereinigt werden. Und wenn sie klar und licht sind, wenn ihr euch abwendet von den Unvollkommenheiten eurer Welt, dann wird das Licht so stark, dass ihr mit ihm euer Ziel erreichen werdet.

So kommt und tretet ein in die mächtige Strahlkraft, die auch die Weisheit und die Liebe zu euren Mitmenschen beinhaltet. Tretet ein in unseren Brennpunkt, in dem diese Kraft gehütet wird. Lasst euch von der Liebe eurer großen Lichtfreunde umfangen und lenkt all das, was ihr hier erhaltet, in eure Welt zum Segen des Lebens."

Die Zwillingsflamme von Erzengel RAPHAEL ist Mutter MARIA. Sie hält den göttlichen unbefleckten Plan für jeden Erdenmenschen aufrecht. Sie formt das Herz eines jeden, der zur Verkörperung kommt und ist Hierarchin im Tempel der Auferstehung zusammen mit Erzengel GABRIEl. Sie hält ebenfalls die heilenden Kraftströme für die Menschen bereit und läßt sie besonders in die verschiedenen Wallfahrtsorte wie z.B. Lourdes fließen.

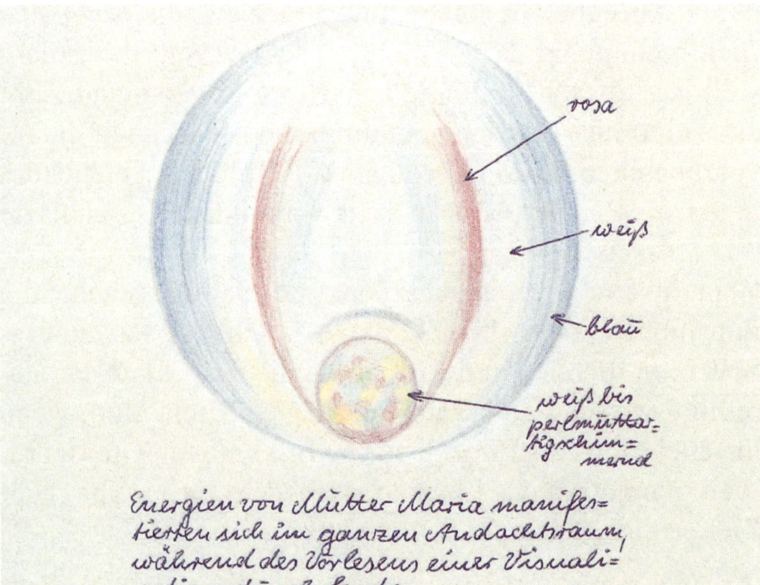

Immer wieder werden von unseren hellsichtigen Freunden die Energien wahrgenommen, die sich während unserer Lichtdienste über die Beteiligten, den Andachtsraum und weit in die Umgebung ergießen. Unsere Heilanrufungen haben eine starke Wirkung, und der MAHA CHOHAN sagt uns dazu:

Ein inniges Gebet aus dem Herzen eines Menschen an seinen Gott bildet einen starken Verbindungsweg zu den höheren Reichen und holt Kräfte herab, die ihn segnen. -
Eine kraftvoll gesprochene Anrufung jedoch oder ein mit Begeisterung gesungenes Lied stürmen sozusagen den Himmel und setzen Kräfte in Bewegung, die dem Fortschritt der ganzen Evolution der Erde dienen."

Hier ein Beispiel dafür:

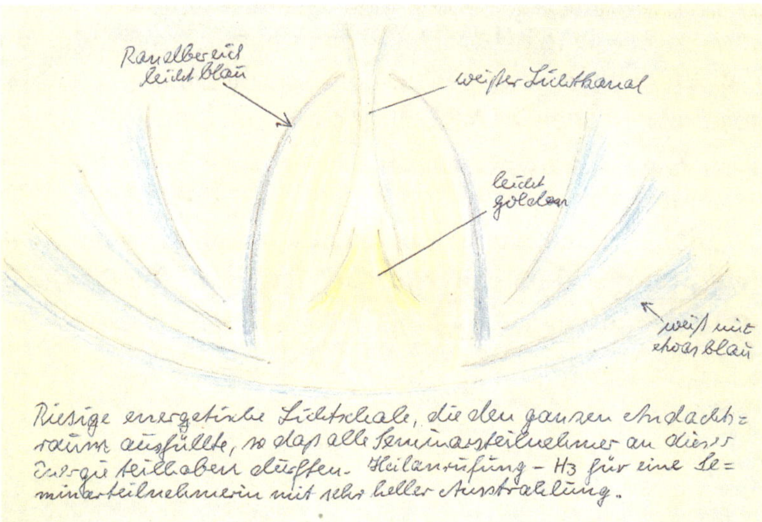

Diese Schrift soll aufklärend wirken, aufzeigen, was geschieht, wenn wir im Namen unserer Gottgegenwart ICH BIN zum Segen des Lebens arbeiten.

Meister EL MORYA sagt uns dazu:
„Das Leben eines Lichtschülers, der sich dem Dienst für die Reinigung und Erneuerung des Erdenplaneten geweiht hat, mündet immer mehr in die innige Zusammenarbeit mit den lichten Reichen und ihren Lenkern ein."

In dieser Zeit der großen Umwälzungen werden wir immer öfter um Hilfe gebeten: Hilfe für die Gesundheit, die persönlichen Probleme, Hilfe für die Welt, Hilfe für die Natur - fangen wir bei uns damit an!

Die Aufmerksamkeit auf das innere Licht gelenkt, erhebt das Bewusstsein in die Sphären des Lichtes, macht jünger, schöner, weiser, mächtiger und immer liebevoller. Im erwachten Christus-Bewusstsein lernen wir mit den Elementen umzugehen, dem Sturm Einhalt zu gebieten, hohe Wellen zu besänftigen und mit Leichtigkeit aus dem Körper auszutreten.

Kinder werden wie Erwachsene im Leben stehen, wie leuchtende Sterne heranwachsen und die Materie durchstrahlen.

* * *

und in der Selbstkontrolle verbleiben, können wir euch an viele Orte führen, wenn auch nur äußerlich und unter weltlichen Vorzeichen. Übt euch darin, ganz still in euch zu sein, bis die innere Ruhe zu einem großen Kraftquell der Stille in euch wird und ihr alles Unreine in euren Gefühlen aufgelöst habt. Jede Schwingung, die weniger ist als Glückseligkeit, Ausgeglichenheit, Harmonie und Frieden, wirkt wie ein Schatten, der zwischen euch und eurer ICH BIN-Gegenwart steht.

Solange die Muskeln und Nerven eurer Körper gespannt sind, seid ihr im Kampf mit euch selbst, denn die Spannung in der Muskulatur eurer Körper ist der Beweis, dass eure Gefühle unter Druck stchen - also seid ihr nicht entspannt, und die Harmonie ist unterbrochen.

* * *

Prinzipa
der Herr der Ordnung für die Erde, spricht:

„Ordnung im persönlichen Bereich bedeutet einen Teil der vollkommenen Harmonie jedes Wesens. Wo Ordnung gehalten wird, besteht die Voraussetzung, dass der Mensch rascher auf dem geistigen Weg vorankommt.

ICH BIN verantwortlich, dass die Naturgesetze aufeinander abgestimmt sind und jedem der Elemente von Luft, Wasser, Erde und Feuer das richtige Maß an Kraft gegeben wird, damit die kosmische Ordnung bestehen bleibt.

Es sind Gesetzmäßigkeiten in der Natur verankert. Ohne diese Gesetze könnte der Winter nicht so sanft in den Frühling übergehen, dieser nicht so schön in den Sommer hineingleiten und der Herbst seine Früchte nicht reifen lassen, damit der Mensch und das Tier sie ernten können, um sich auf den Winter vorzubereiten.

Die göttliche Ordnung ist ein gütig herrschendes Prinzip, damit alles seinen harmonischen Verlauf nehmen kann. Die Sonne erhellt den Tag, bis die Nacht eintritt, damit Mensch und Tier ihre physische Ruhe haben. So wechseln Tage, Wochen, Monate und Jahre genau abgestimmt auf die göttliche Ordnung im Kosmos, die allen Gestirnen einen rhythmischen Ablauf garantiert. Ich gebe euch einen Rat: Prüft auch euch immer wieder und wisst -

Ordnung ist wichtig für den Einklang im geistigen Sein!

Haltet ihr innere und äußere Ordnung aufrecht, dann klinkt ihr euch ganz automatisch in das Prinzip der höchsten Harmonie ein. Das 'Universum' ist ein Universum von Gesetz und Ordnung und je mehr sich der Mensch in seinem Leben um Ordnung bemüht, um so vollkommener wird sein göttlicher Rhythmus sein. ICH BIN PRINZIPA, der Meister der göttlichen Ordnung auf dieser Erde, und ich erfreue mich eines jeden Menschen, wenn ich sehe, dass er in seinem Leben Ordnung schafft und mich darum bittet, ihn in seinem Bemühen zu unterstützen. Ich liebe und danke euch, dass ihr mir zugehört habt."

* * *

Anrufung:
Im Namen der Gegenwart Gottes ICH BIN rufen wir Dich, geliebter Meister PRINZIPA, Herr der göttlichen Ordnung - wir lieben und segnen Dich und danken Dir für Dein Hervortreten aus dem Großen Schweigen.

Lenke die Strahlung der göttlichen Ordnung in uns, in alle Menschen, in alle Regierungen und Institutionen, in alle Pläne und Vorhaben, die dem Fortschritt der Menschheit dienen und in alles Leben auf Erden.

Wir danken für die Erfüllung unserer Bitte.

* * *

Hier ein Beispiel für die göttliche Ordnung

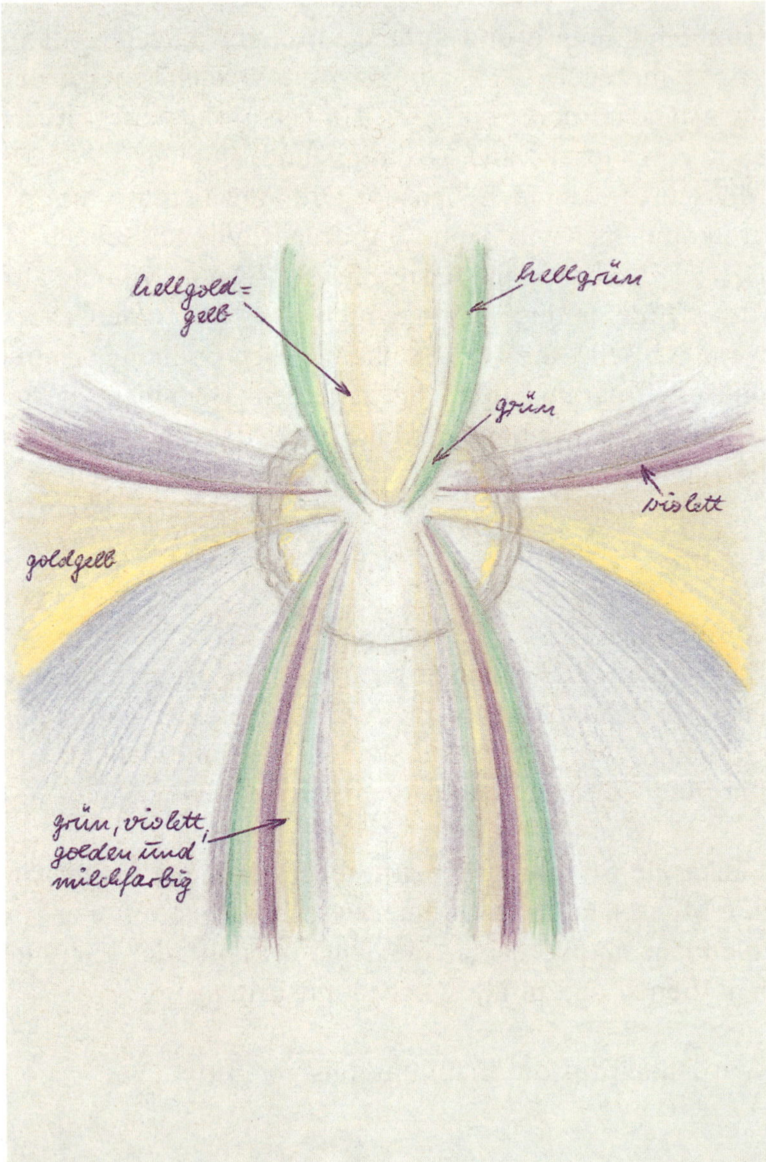

Freiwerdende Energien beim Atemrhythmus während der Zeit im Tempel des Meisters KONFUZIUS. (Während des Lichtdienstes waren 30 Licht-schüler anwesend)

Beeindruckend die Klarheit, die Symmetrie der Strahlungs-energie.

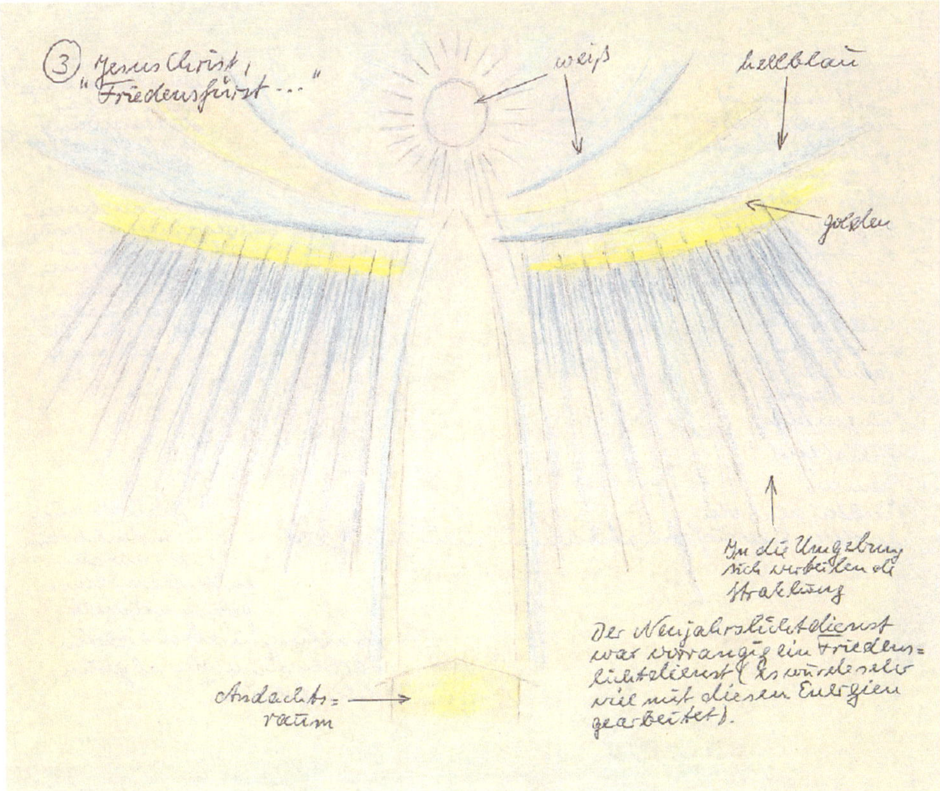

Dieses große Lichtwesen manifestierte sich über dem Andachtsraum, während die Gruppe das Lied Nr. 53, JESUS-Friedensfürst, sang:

JESUS - Friedensfürst

1. Dich kennt das Erdenrund
als Heiland Jesus Christ,
der über diese Welt
gegangen ist.
Du warst der Menschheit Licht,
hast sie geliebt, geheilt,
und brachtest Frieden hin
wo du geweilt.

Refr.:Jesus, bring wieder Frieden der Welt,
segne sie Land für Land,
schling' um die Erde strahlend und schön
golden dein Friedensband!

2. Du lehrtest Liebe uns
zu Freund und auch zu Feind,
weil nur die Liebe
diese Welt vereint.
Fach' unsre Herzen an,
bis wir in Flammen steh'n,
in jedem Menschen dann
den Bruder seh'n.

3. O Jesus, Friedensfürst,
du stehst im Lichtgewand
hoch über diesem Ort und unserm Land,
Gieß' über Feld und Flur
und über jedes Haus
die ganze Fülle
deiner Liebe aus.

Was können wir tun, um Ordnung und damit Heilung in uns zu verwirklichen?

Eine wichtige Voraussetzung ist die Befreiung von alten Schwingungsmustern, Denkstrukturen und Gedanken von Angst, Hass und Groll.

Der Erzengel MICHAEL sagte uns einmal:
„Der Ätherkörper (Unterbewusstsein) ist wie ein Spiegel - er zeichnet (fotografiert) alle Gedanken, Gefühle und gesprochenen Worte auf. Er nimmt alles auf und spiegelt wider, was ihr tut und all das, worauf ihr eure Aufmerksamkeit richtet. Die Ätherkörper der meisten Menschen sind voller Wunden und Narben, verursacht durch Enttäuschungen, Beleidigungen, zerstörten Glauben und Vertrauen.

So wie der physische Körper seine Wunden heilt, so webt die Lichtintelligenz neue Zellen in den Ätherträger. Ohne dass ihr euren Ätherkörper reinigt und klärt, brechen alte Narben durch neuen Ärger oder Hass wieder auf."

Elementale, durch eigene Gedankenkraft erschaffene, nichtphysische Wesenheiten, denen wir durch negative dem Elemental verwandte Gedanken Nahrung geben, sollten wir durch Liebe erlösen. Anschließend ein Beispiel:

Sprechen mit unserem Elemental, z. B. unserem ‚Angst-Elementalwesen'. Senta: „nicht auflösen, sondern umpolen, in Liebe erlösen." Angst ist die ‚Nahrung' des Angst-Elementalwesens.

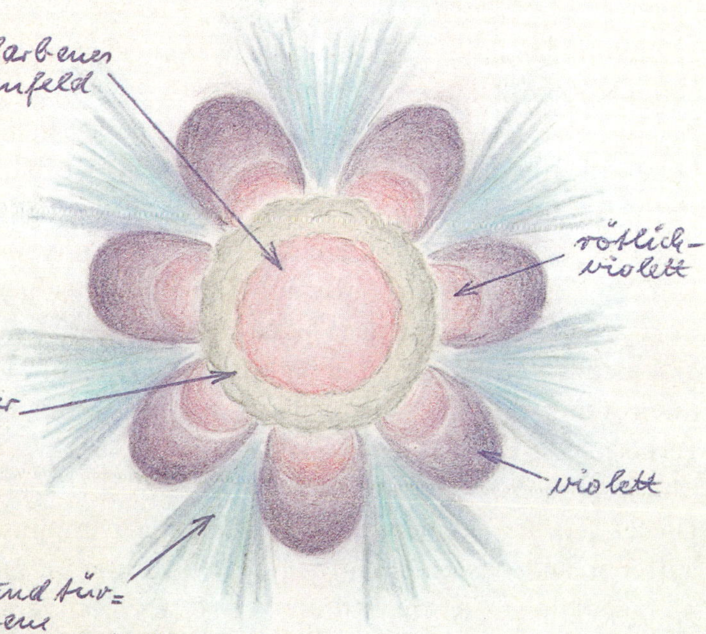

das Angst-Elemental über dem Kopf wird bei einem Seminarteilnehmer durchlichtet.

Führung durch Senta: Liebevoller Zuspruch zu unserem Angst-Elementalwesen

Die rosa-violette Strukturierung um den grauen Kranz entwickelte sich im Laufe der Arbeit mit dem Angst-Elemental.

Während Elementale durch Gedanken geschaffene Wesenheiten sind, beherbergt jeder Lebensstrom ein Körperelementarwesen.

Hierüber eine Botschaft vom MAHA CHOHAN:

„Geliebte Freunde, heute frage ich: Wer, glaubt ihr, hat euren Körper instand gehalten und gepflegt - so viele Jahre lang? Die Menschen sind geneigt, wenig über den herrlichen Mechanismus nachzudenken, den ihr Körper darstellt. Bei der Geburt wird jedem Lebensstrom ein intelligentes Wesen beigegeben, das in seinen physischen Körper eingeht. Dieses Körper-Elementarwesen - der Verwalter - übernimmt es, den Körper während des Wachstums, des Reifens, ja während des ganzen Lebens in Ordnung zu halten, bis der Lebensstrom seine Träger verlässt.

Dieses Körper-Elementarwesen hält die Durchblutung aufrecht und beseitigt laufend die Auflösungs-Erscheinungen, die im Körper infolge Ausschweifungen oder Gefühlsausbrüchen auftreten, welche die Zellstruktur des Körpers völlig aus der Ordnung bringen.

Tag und Nacht sucht das Körper-Elementarwesen die Ordnung aufrechtzuerhalten, so dass die betreffende Person einen geeigneten Träger während ihrer Erdenreise zur Verfügung hat. Wenn ein Mensch weiß, dass dieses Körper-Elementarwesen in ihm am Werke ist, und wenn er ihm Anerkennung, Liebe und Dankbarkeit schenkt, dann gibt diese Zusammenarbeit dem Körper-Elementarwesen neue Kraft, Wohlbehagen, Frieden und Gleichgewicht.

Diese gesegneten Naturgeister sind entweder männlicher oder weiblicher Natur, sie können von riesiger Größe, sogar größer als der physische Körper oder auch winzig klein sein.“ Hier zwei Beispiele, wie ein Körper-Elementarwesen aussehen kann:

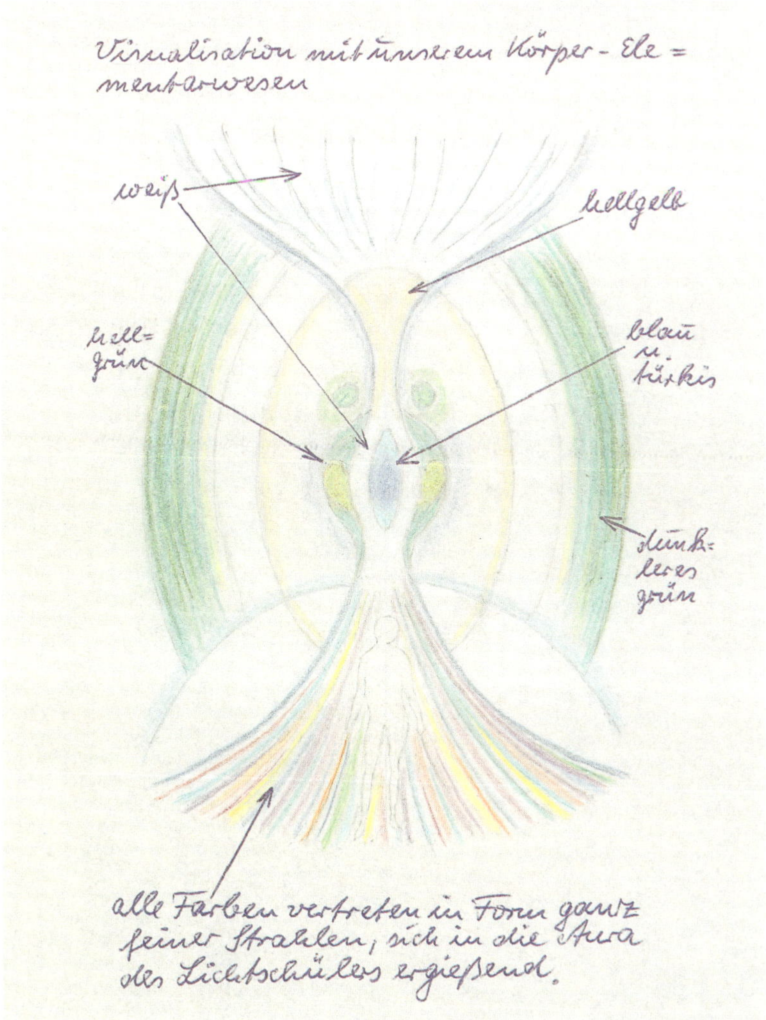

Wir rufen unser Körperelementarwesen:

Im Namen der Gegenwart Gottes ICH BIN und der großen Lehrer und Lenker der Elementarwesen spreche ich zu meinem geliebten Körper-Elementarwesen und allen Elementen meiner niederen Körper:

Ich liebe und segne euch und danke für euren Dienst für mich. Schaut auf den göttlichen Plan für meinen Lebensstrom und erneuert und vervollkommnet die Substanz meiner niederen Körper nach diesem göttlichen Muster.

So sei es!

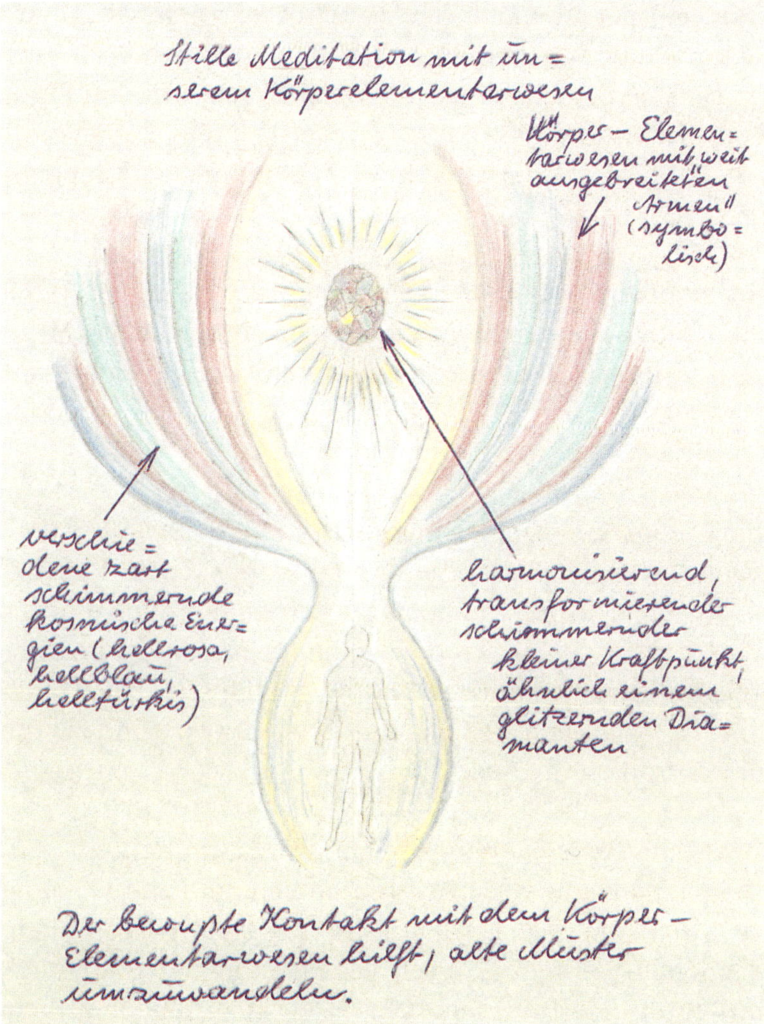

Der MAHA CHOHAN belehrt uns weiter:

„Zwischen den Verkörperungen wird der Lebensstrom von seinem Körper-Elementarwesen getrennt. Er erhält Unterricht, der unmittelbar seine Entwicklung betrifft.

Dem Körper-Elementarwesen wird sehr beim Reinigen seiner Natur von Feindseligkeit und Hass geholfen, und im Beisein der Engel und Formenerbauer wird ihm Kraft und Mut eingeflößt, sonst wäre es bei seiner mühevollen Aufgabe auf der Erdenreise schon lange untergegangen.

Ich empfehle euch, Segen, Frieden und Gesundheit durch die Körper-Elementarwesen der ganzen Menschheit fließen zu lassen. Das wird viele chronische Zustände ändern, und Tausende gequälter Gemüter und Körper könnten Erleichterung erfahren."

Eine weitere Botschaft hierüber:
„Von der ersten Verkörperung an wurde jedem Lebensstrom ein Körper-Elementarwesen zugeordnet. Dieses Wesen weiß genau, wo die Traumata und die Erinnerungen gespeichert sind. Es hat die 'Landkarte' zur Hand, um die Regionen gezielt und klar herauszufinden, die diese Probleme verdecken.

Bevor man eine Heilung beginnt, wäre es vorteilhaft, diese kleinen Helferwesen anzurufen und um Unterstützung zu bitten und die Heilungsstrahlen richtig zu lenken. Vielleicht gelingt es, durch Vertrauen und Geduld, euch mit eurem Körper-Elementarwesen anzufreunden, denn jedes von ihnen hat einen Namen und ist eine eigene Persönlichkeit. Falls ihr euch die Zeit nehmt, euch mit ihm zu verbinden, kann euer eigenes kleines Geistwesen eine Quelle des Vergnügens für euch sein.

Wie alle Naturgeister lieben sie eure Aufmerksamkeit, euer Lob und eure Anerkennung. Sie lieben Blumen und glänzende Dinge, wie kleine Kristalle, Münzen, Schmuck und Murmeln. Es braucht viel Zeit und guten Willen, Geduld und Liebe, eine Freundschaft mit eurem Körper-Elementarwesen anzuknüpfen und zu vertiefen, wie auch mit allen anderen Naturwesen. Aber der Lohn ist groß!"

* * *

Wir durften erfahren, dass das Kleidchen unseres Körper-Elementarwesens der Strahlung, der Schwingung unseres Seins entspricht. Wie glücklich ist dieser kleine Elementargeist, wenn Ströme der Liebe und des Friedens uns durchfluten.

In einer Information heißt es: „Ihr könnt euer Höheres Selbst, die ICH BIN-Gegenwart, anrufen und bitten, euer Körper-Elementarwesen nachts, während eures Schlafes, mit in höhere Ebenen zu nehmen und es zu lehren, mit der violetten Flamme von Meister SAINT GERMAIN zu arbeiten. Es wird bald darauf beginnen, sie in eurem irdischen Körper und auch in der äußeren Welt einzusetzen.

Die Naturwesen sind Energieformen, die sich beliebig verändern können."

* * *

Abendliche Rückschau

Meister SAINT GERMAIN sagt dazu: „Der Ton eurer gesprochenen Worte ist eine Energie. Ein Wort kann Licht oder Schatten sein - ein Wort kann beglücken oder vernichten. Ein Wort zuviel kann ebenso schaden wie ein Wort zu wenig am rechten Platz.

Ich bitte euch, eure Worte zu kontrollieren. Am Abend, bevor der Tag in die Stille der Nacht übergeht, setzt euch hin und denkt nach über die Worte, die ihr an diesem Tag gesprochen habt. Versucht es, ihr werdet Übung bekommen. Alle gesprochenen Worte werden in der Erinnerung vor euch stehen - dann seid ehrlich mit euch selbst.

Als euer Lehrer werde ich bei euch sein und euch helfen, die Worte zu sichten und zu unterscheiden. Ich helfe euch, am nächsten Tag eure Worte, die nicht der Liebe und dem Aufbau dienen, zu vermeiden, sie nicht zu wiederholen, sie gar nicht in Erscheinung treten zu lassen. Auch gute Worte, wenn sie im Übermaß gebraucht werden, sind nicht gottgewollt. Ein Blick in eure Aura zeigt mir, wie euer Tag gelebt wurde, welche Worte gesprochen wurden.

Jedes Wort hat seine eigene Schwingung, seine eigene Strahlung. So gibt es Worte, die heilen, beruhigen oder zur Tat anfeuern; und es gibt Worte der Gerechtigkeit und der Wahrheit. Lernt die vielen Möglichkeiten des Ausdrucks zu unterscheiden, und ihr werdet erstaunt sein, wie viel Neues in euer Leben tritt.

Und noch etwas: Nehmt die Engel der violetten Flamme mit euch. Fragt die Engelfreunde, welche euch heilen und gegen die negativen Auswirkungen der Atomkräfte schützen, nach ihrem Namen.

Ich segne euch.”

Meditativer Arbeitskontakt mit der violetten Energie und der Versuch, eine innere Verbin= dung zu unserem persönlichen violetten Engel herzustellen.

Violette Reinigungsenergien durchströmen die ätherischen Entsprechungen unserer körperlichen Schwachstellen mit Hilfe unseres ganz persönlichen violetten Engels.

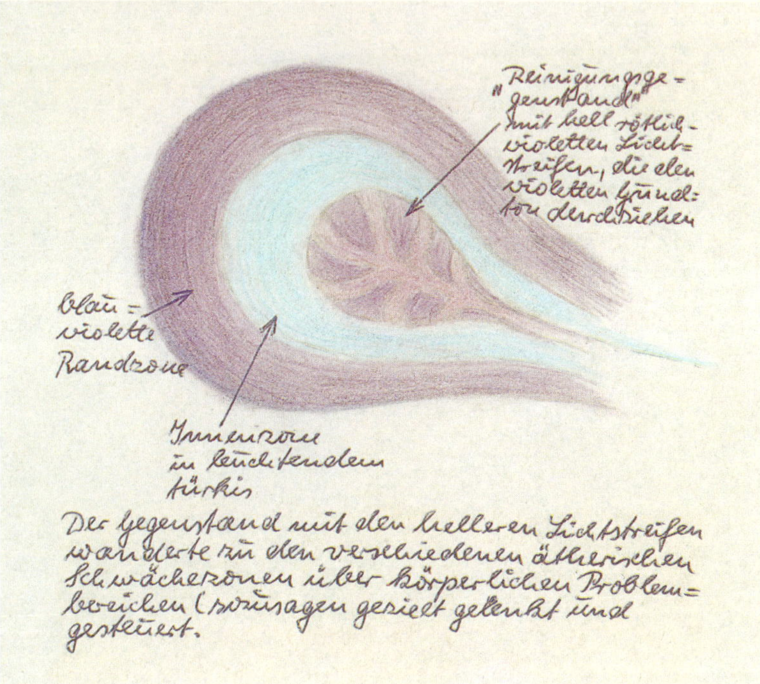

„Denkt auch daran, ihr Schüler, dass eure Worte von entsprechenden Klängen begleitet werden. Ihr könnt euch vorstellen, dass dies nicht immer nur Harmonien sind, je nachdem, was ihr sprecht und welche Gedanken und Gefühle euch dabei durchströmen. So denkt daran, wie es ist und welcher Klang von euch ausgeht, wenn ihr Negatives denkt, rückliegende Erlebnisse auffrischt oder über Krankheiten sprecht. Dann sind es Disharmonien, die damit verbunden sind und von den entsprechenden Schatten begleitet werden.

Wenn ihr dies hören könntet, würdet ihr gewiss schnell innehalten und eure Worte überlegen und bedenken, was ihr da sprecht. Auch auf diese Weise prägt es sich in eurer Umgebung aus, ob ihr harmonische Gefühle, Worte und Gedanken aussendet oder das Gegenteil davon, was dann Schatten in euren Körpern und in eurer Aura hinterlässt.

Wir machen euch auf alles dies aufmerksam, damit ihr besser erkennt, wo eure Fehler liegen. Bitte beachtet dies wohl, denn auch eure Umgebung, die Menschen, mit denen ihr zu tun habt und die Wesen der Natur leiden unter solchen Disharmonien, die dann von euch ausgehen. So solltet ihr euch wohl überlegen, was ihr sprecht. Eure Umgebung wird immer mit dem erfüllt, was von euch an Schwingungen ausgeht, die euer Merkmal tragen und die auf dem Kreislauf der Energie wieder zu euch zurückkehren, um erlöst und bereinigt zu werden. Seid bedacht auf eure Worte - ja schon auf eure Gedanken, die ihnen vorausgehen, auf eure Gefühle, die ihr oft mit Worten ausdrückt. Das sind zu späterer Zeit die Stolpersteine, die euch in den Weg kommen, damit ihr diese negativ bewertete Energie gereinigt und durchlichtet wieder eurem Vorrat an guten Kräften hinzufügt. Alle diese Energien begleiten euch und bilden das, was eure Ausstrahlung, eure Aura ausmacht und von allen Wesen, die für euer Auge noch unsichtbar um euch sind, gesehen wird.

Soviel mehr ist es für diese Wesen ein wunderbares Bild, wenn ihr in Liebe, im Frieden und in der Harmonie eures Selbstes in die Welt der Natur geht. Auch die Menschen um euch spüren diese Aussstrahlung und werden von ihr angezogen, wenn ihr eurer Liebe Ausdruck verleiht und das Licht von euch ausgeht. Bedenkt dies alles, geliebte Schüler. Werdet frei von unguten Gedanken und Gefühlen, die ihr sooft durch eure Worte ausdrückt.

Sie bilden eine negative Schicht um euch!

Seid frei, seid im Licht, im Strom der reinen Wahrheit und der Liebe eurer Herzen, dann wird alles, was in eurer Umwelt lebt, euch zu Diensten sein. Die Zusammenarbeit mit all den unsichtbaren Wesen wird verstärkt und erfüllt auch euer Leben mit dem Licht und der Fülle alles Guten."

* * *

Arbeit mit den reinigenden Energien

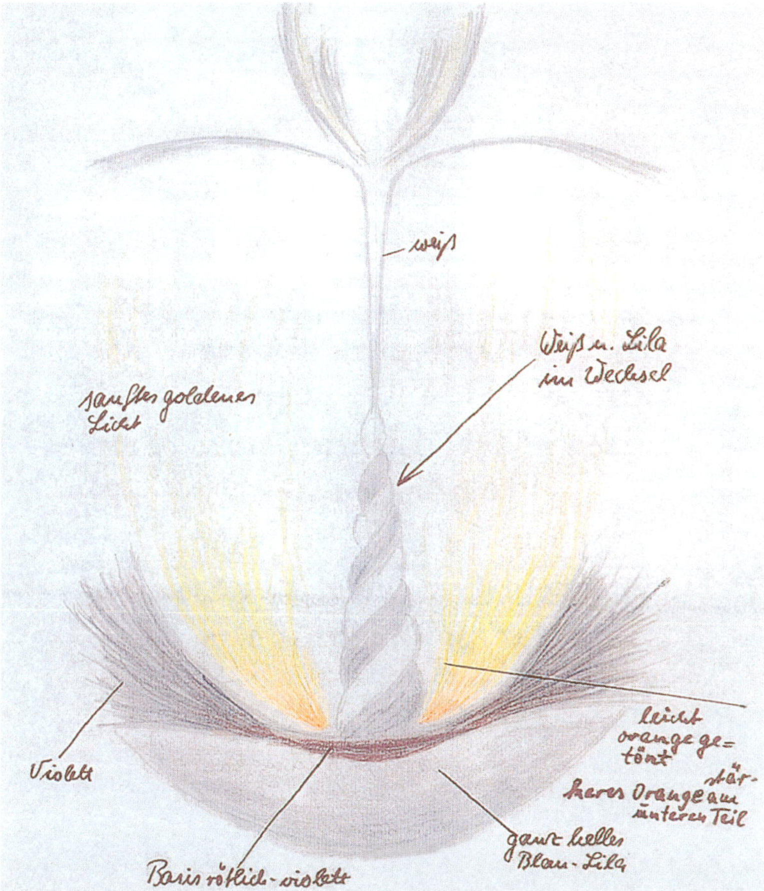

Während des Dienstes wurde die Strahlung der Reinigung, der Reinheit und der Erleuchtung auf die Gruppe eingestrahlt - mit dem Auftrag, diese Energie weiter in die Umgebung zu senden.

Meister HILARION rät: „Schickt die reinigenden Kräfte voraus, damit eure Körper licht und durchlässig werden für alles, was ihr in unserem Tempel empfangen werdet. Seid gegrüßt und willkommen in unserem Tempel, in der Strahlung der grün-goldenen Flamme."

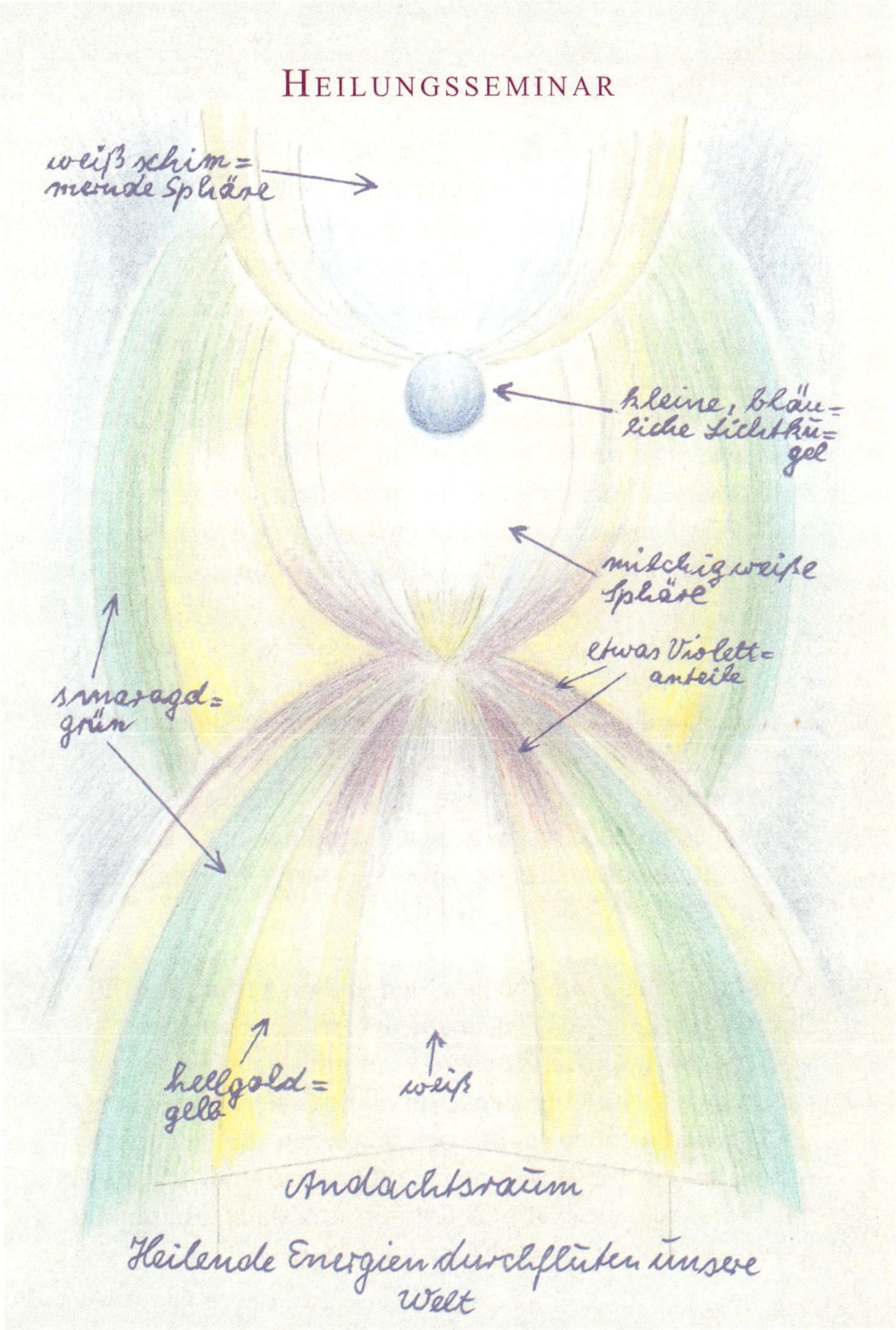
weiß schim=
mernde Sphäre
kleine, bläu=
liche Lichtku=
gel
milchig weiße
Sphäre
etwas Violett=
anteile
smaragd=
grün
hellgold=
gelb
weiß
Andachtsraum
Heilende Energien durchfluten unsere
Welt

Seminarbeginn:

„Euer Weg, ihr Schüler des Lichtes, hat euch in die Gegenwart der großen Weisheitslehrer geführt. Viele von ihnen sind seit Zeitaltern bei der Erdenentwicklung geblieben, um dem Leben voranzuhelfen, und haben immer wieder Schüler um sich gesammelt, um ihnen die Lebensgesetze zu vermitteln. Auch viele von ihnen haben seit langen Zeiten ihr Ziel erreicht und sind Mitglieder der Großen Weißen Bruderschaft geworden, die seit Äonen die Geschicke der Welt überwacht und unmerklich lenkt. Und wenn es auch heute nicht so aussieht, als wäre eine weise Lenkung hinter der Entwicklung auf Erden, so ist es dennoch der Fall, heute wie zu allen Zeiten.

Die großen Wesen des Lichtes müssen die Entwicklung der Menschheit, die sehr langsam vor sich geht, berücksichtigen und müssen ihr die Zeit lassen, die sie braucht, um Erkenntnisse und Erfahrungen zu sammeln, die sie dann einmal auf den Lichtweg führen werden. Wenn die große Masse der Menschen auch noch lange nicht so weit ist, so muss auch dies von der geistigen Führung der Erdenwelt berücksichtigt werden.

Damit nun diese Menschen lernen und begreifen, was für ihre Entwicklung gut ist, muss dies alles geschehen, so wie es jetzt in eurer Erdenwelt vor sich geht. Es ist gewiss ein harter Lernprozess für die meisten Menschen, doch er kann ihnen nicht erspart werden. Sie brauchen diese Lehren, um weiter voranzukommen und um alles das, was sie an negativen Kräften um sich gesammelt haben, zu beseitigen und daraus zu lernen.

Auch euch, ihr Schüler, können solche Erfahrungen nicht immer erspart werden. Ihr habt noch so manches abzulegen und zu lernen, eure guten Käfte zu entwickeln und sie dem großen Ganzen der Erdenentwicklung zur Verfügung zu stellen. Kein Mensch lebt für sich allein. Er ist in das gesamte Leben der Erde eingebunden und mitverantwortlich für alle anderen Lebewesen. So muss er oft schmerzhaft lernen, alles Leben zu achten, und das ist in dieser Zeit besonders sichtbar geworden. Das ist der Grund für das Missverhältnis der Menschen untereinander und auch zu den übrigen Entwicklungsreichen, der Tierwelt und der Natur. Jeder Mensch muss durch diesen Lernprozess gehen. Er kann ihm nicht abgenommen werden.

So rufen wir euch Schüler immer wieder auf, die reinigenden Kräfte in eure Belastungen zu senden, die auch euch zum Teil noch anhängen. Beseitigt sie, bevor sie wirksam in eurer Welt werden. Ihr habt die Möglichkeit dazu. Wieder und wieder wollen wir euch dies bewusst machen, denn die reinigenden Kräfte sind für diese Zeit eurer Entwicklung bekanntgemacht worden, damit alle die Menschen, die die Strahlenkräfte anerkennen und mit ihnen arbeiten, die Möglichkeit haben, ihre Belastungen auszulöschen und Frieden mit allem Leben zu schließen. Das ist euer Weg, ihr Schüler, ungeachtet dessen, was auf eurer Erde geschieht. Auch ihr habt während all eurer Lebenszeiten teil an dieser Entwicklung gehabt. So ist es auch an euch, die reinigenden Kräfte in die Welt zu lenken zur Wiedergutmachung eurer eigenen Fehler.

Nehmt dies immer wieder in euer Herz, geliebte Freunde, es kann euch nicht erspart werden, intensiv mit den reinigenden Kräften zu wirken, um eure eigenen Schatten aufzulösen und altes Karma zu beseitigen. Es sollte zu eurer täglichen Arbeit gehören, damit ihr freiwerdet von alten Belastungen und Schatten. Nur dann könnt ihr so arbeiten, wie wir es von euch erwarten und als Beispiel dienen für viele Menschen, die erkennen, welchen Weg ihr geht, und die den Wunsch verspüren, ihn auch selbst zu gehen. Seid ihnen Helfer und in die Strahlen eingehüllt, die immer zu eurer Verfügung stehen. Habt genügend Liebe für alle Menschen, die in euren Weg kommen und ein wenig Anleitung brauchen, um zu erkennen, wohin er führt und was es zu lernen und aufzulösen gilt, um schließlich den lichten Welten immer näher zu kommen.

Tretet in unsere Fußstapfen, werdet Lehrer und Vorbild all denen, die zu euch kommen, und sie werden erkennen, dass dies der rechte Weg ist. Seid eingehüllt in die Liebe unserer Herzen, die euch euren Weg erleuchtet und gangbar machen möchte."

* * *

Im Verlauf unseres Seminars fuhren wir in das Gebiet am Widderstein (Bregenzer Wald, Hochtannberg-Pass), dorthin, wo wir schon einige Male unsere Gesundheitswochen erlebt haben. Dadurch war uns diese Gegend vertraut, und wir erneuerten unseren Kontakt mit der Naturwelt, der wir uns auch in der Zwischenzeit immer sehr verbunden gefühlt haben. Während einer kleinen Andacht und Meditation an einem bestimmten Punkt unserer Wanderung, wo es besonders viele Zwerge und Naturwesen gibt und wo wir vor einigen Jahren einen Naturtempel gefunden haben, erhielten wir die folgende Botschaft:

„Die wahre Vielfalt unser Welt können diejenigen Menschen am besten erkennen, deren inneres Auge sich ein wenig geöffnet hat. Doch auch ihr, geliebte Freunde, seht mehr als die übrige Menschheit von dem, was in der Natur geschieht und welche Kräfte hier wirken, wie das Zusammenspiel zwischen Licht und Erde ist. Seid bedankt, ihr Freunde, die ihr so die Arbeit für die Naturwelt auf euer Banner geschrieben habt. Seht, wie die Kräfte, die ihr sooft aussendet, dafür sorgen, dass unsere Welten immer mehr Energien erhalten und dadurch besser in der Lage sind, mit den Unvollkommenheiten, die uns von Menschen zugefügt werden, umzugehen. Wir segnen dieses Bemühen.

Die wahre Stille findet ihr nur in eurem eigenen Innern und auch dort, wo die Natur noch in Harmonie ist und Lebenselixier bietet für die Menschen, die in Liebe kommen und sich mit den Wesen der Natur verbinden. Sie alle erfahren eine kraftvolle Aufladung und werden erkennen, dass auch sie mitarbeiten müssen, um das Leben in der Natur so zu erhalten, dass es für die Menschen Freude und Erholung bedeutet. Wir sehen euren guten Willen, und wir bitten, ihn euch weiter zu erhalten, um das Gute auf Erden zu verstärken.

Habt ihr erkannt, wie wichtig es ist, die verschiedenen Lebensbereiche eurer Erde miteinander zu verbinden, sie in eurer Vorstellung und in eurer Liebe zu halten und dafür zu sorgen, dass die Liebe untereinander erhalten bleibt?

Es geschieht nicht sehr oft, dass wir uns den Menschenkindern zuwenden. Zu sehr haben sie sich gegen unsere Welt versündigt. Doch wenn wir Menschen sehen, die mit den lichten Kräften arbeiten und sie auch in unsere Welt lenken, sind wir ihnen innig verbunden. Die große Einheit allen Lebens wird auch euch dadurch immer spürbarer, und so lasst es bleiben!

Stellt euch vor, wie unsere Liebe, unsere Fürsorge und unsere Gaben ständig in eure Welt fließen als kleine Gegenleistung für das, was ihr für uns tut. Dass dies weltweit geschehen möge, dafür bitten wir euch zu sorgen und dieses Wissen weiterhin zu verbreiten und den Menschen klarzumachen, wie wichtig es ist, in Liebe mit den Naturreichen verbunden zu bleiben. Nutzt eure Möglichkeiten, ihr Freunde, die dazu dienen sollen."

Mantel der Liebesstrahlung für alle Teilnehmer - während der Botschaft. Die ganze Gruppe erfuhr eine starke Aufladung.

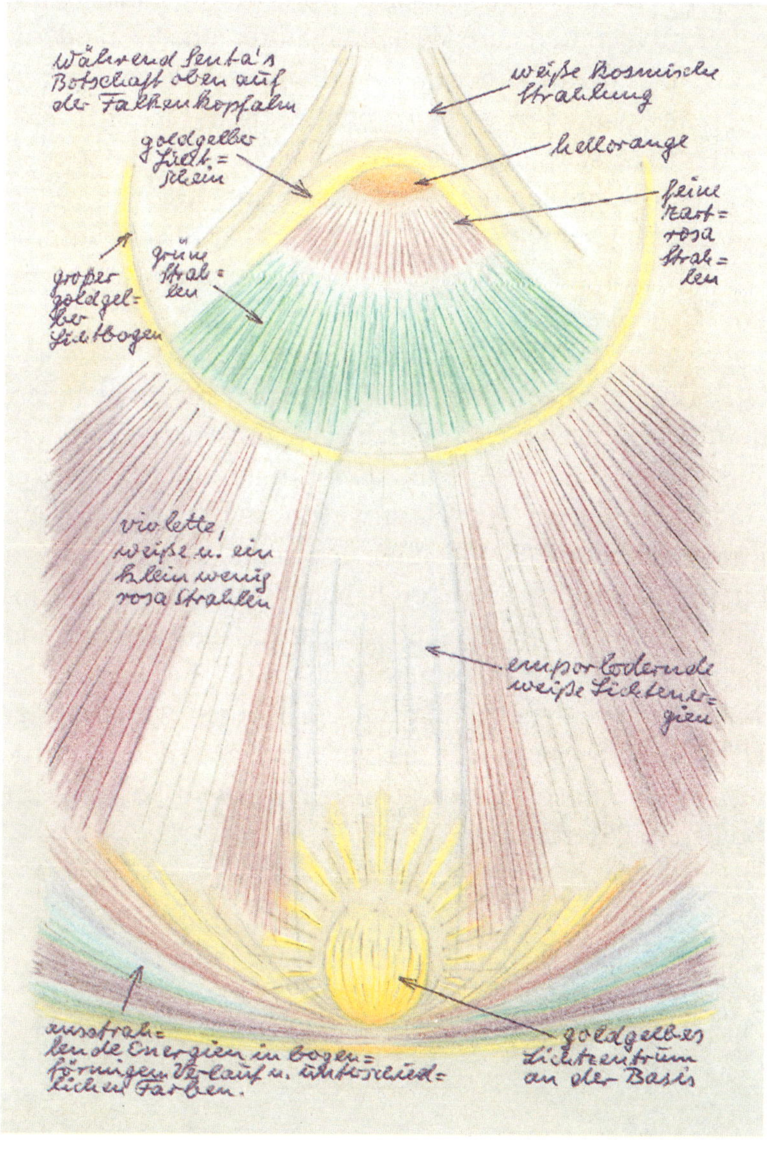

„So haben wir euch in einen mächtigen Mantel der Liebesstrahlung gehüllt, die aber noch andere Kräfte beinhaltet, die wir hüten und die euch abschirmen gegen die Einwirkungen aus unserer Welt, die oft noch Schaden anrichten und eure Welten zerstören oder verändern. Wir haben nicht immer die Möglichkeit, dies zu verhindern, aber wir können euch helfen, wenn ihr in einer ähnlichen Lage seid, den Schutz um euch zu legen, der euch gegen die Unbillen der Natur abschirmt. Nutzt es, wenn es einmal geschehen sollte. Es ist der Ausdruck unserer Dankbarkeit für euch, die ihr so segensreich für unsere Welten wirkt."

Hier folgt ein beeindruckendes Beispiel für die wunderbare Hilfe, die wir von diesem großen Wesen erhielten: Wir haben in einer bedrohlichen Situation, als Unwetter sich ankündigten, die Naturwesen angerufen, um von ihrem Angebot Gebrauch zu machen und sie um Hilfe zu bitten. Innerhalb kurzer Zeit haben sich die schweren Gewitterwolken verzogen, und die ganze Natur um uns und auch wir konnten aufatmen. Die Vögel, die verstummt waren, sangen wieder und unsere Herzen waren voller Dankbarkeit. Aber nicht der geringste Zweifel, daß Hilfe von unseren Freunden aus der Naturwelt kommt, war in unseren Herzen.

* * *

„Bleibt erfüllt mit eurem Bemühen um Licht und Segen für unsere Reiche, so wird immer eine innige Verbundenheit zwischen euch und uns bestehen bleiben."

„Die großen Gebieter der Naturwelt grüßen alle ihre Schützlinge, so auch euch, geliebte Menschenfreunde, die ihr euch unserer Welt zugehörig fühlt, von der ihr wisst und auch von den großen Aufgaben, die wir übernommen haben, um die Erde wieder zu einem Paradies zu gestalten. Wir erkennen euren innigen Wunsch, immer mehr und intensiver mit uns zusammenzuarbeiten und bemühen uns auf unsere Weise, diesem Wunsch zu folgen.

Wenn wir die Gelegenheit nutzen, um mit euch in Kontakt zu treten, so nicht nur so wie jetzt durch unsere Worte, sondern durch einen starken Kraftstrom, den wir in eure Herzen lenken und der erfüllt ist mit allen unseren Gaben, die nicht nur aus den Strahlenkräften bestehen, die auch wir für unsere Arbeit nutzen, die aber in besonderem Maße Hilfen für euch beinhalten, um eure Körper, euer ganzes äußeres Selbst umzugestalten zu einem reinen und kostbaren Gefäß für euer göttliches ICH BIN.

Die Elemente eurer Körper unterstehen ebenfalls unserem Einfluss. Wir rufen sie auf, die Kräfte, die wir jetzt einfließen lassen, zu nutzen, um eure Körperzellen, eure Organe, eure Muskulatur und auch die Haut eurer Körper umzugestalten zur vollkommenen Schönheit und Harmonie, zu Gesundheit und Wohlergehen.

Alle diese winzigen Wesen arbeiten unter unserer Oberhoheit, und wenn ihr euch mit uns verbindet, nicht nur hier, sondern überall, sind unsere Helfer und Freunde, die das Gleiche für euch tun wie wir, in diesem Augenblick zur Stelle. So ruft sie an und lasst eure Körperzellen aufladen mit den starken Kräften, die die Naturwelt hütet und die auch euch zugute kommen sollen, die ihr sooft mit uns verbunden seid und in Liebe an uns denkt. So sind wir immer in eurer Nähe, wenn ihr uns ruft. Wir erfüllen nach unseren Möglichkeiten eure Wünsche auch für das Wachstum eurer Pflanzen, für alles, was ihr selbst in eurem Umkreis für die Natur tun wollt. Es wird euch helfen, es um euch grünen und blühen zu lassen, so wie ihr es euch erträumt.

Das sind unsere Gaben, ihr Freunde. Wir stehen euch bei, das haben wir euch mehrfach versprochen, wenn die Natur um euch aus der göttlichen Harmonie fällt und zerstörerisch wirkt. Wir können nicht überall auf der Erde für Ruhe und Ordnung in unseren Bereichen sorgen. Dazu ist zuviel Schädigendes in die Naturwelt eingeflossen. Doch wir können unseren Freunden helfen, wenn sie auf irgendeine Weise Hilfe brauchen ...”

Unsere Wanderung führte uns weiter zum Körbersee, der in einem riesigen Rund von Bergen ganz unten im Tal liegt und wo wir schon im Vorjahr ein wunderbares Erlebnis haben durften.

Schon nach den ersten meditativen und stillen Besinnungsminuten erhielt Senta diese Botschaft, untermalt vom Glockengeläut der Kühe, ohne vorherige Andacht, die hinterher erfolgte. (David-Lloyd-Lied und Dankesworte) Es wurde sofort eine sehr starke pulsierende Schwingung spürbar, und Martin empfing das folgende Bild, das sich nach und nach aufbaute.

Große, leuchtendgrüne, milchglasähnliche, die ganze Körberseesenke ausfüllende, flache Schale des Naturtempels mit leuchtend hellgrünen, runden Aufenthaltsschalen für kleine, untergeordnete Naturwesen und kristallklaren Wasserrinnen dazwischen. Das Wasser fließt aus allen Richtungen zum Mittelpunkt hin, dort, wo die große Fontäne entspringt (siehe nächste Seite).

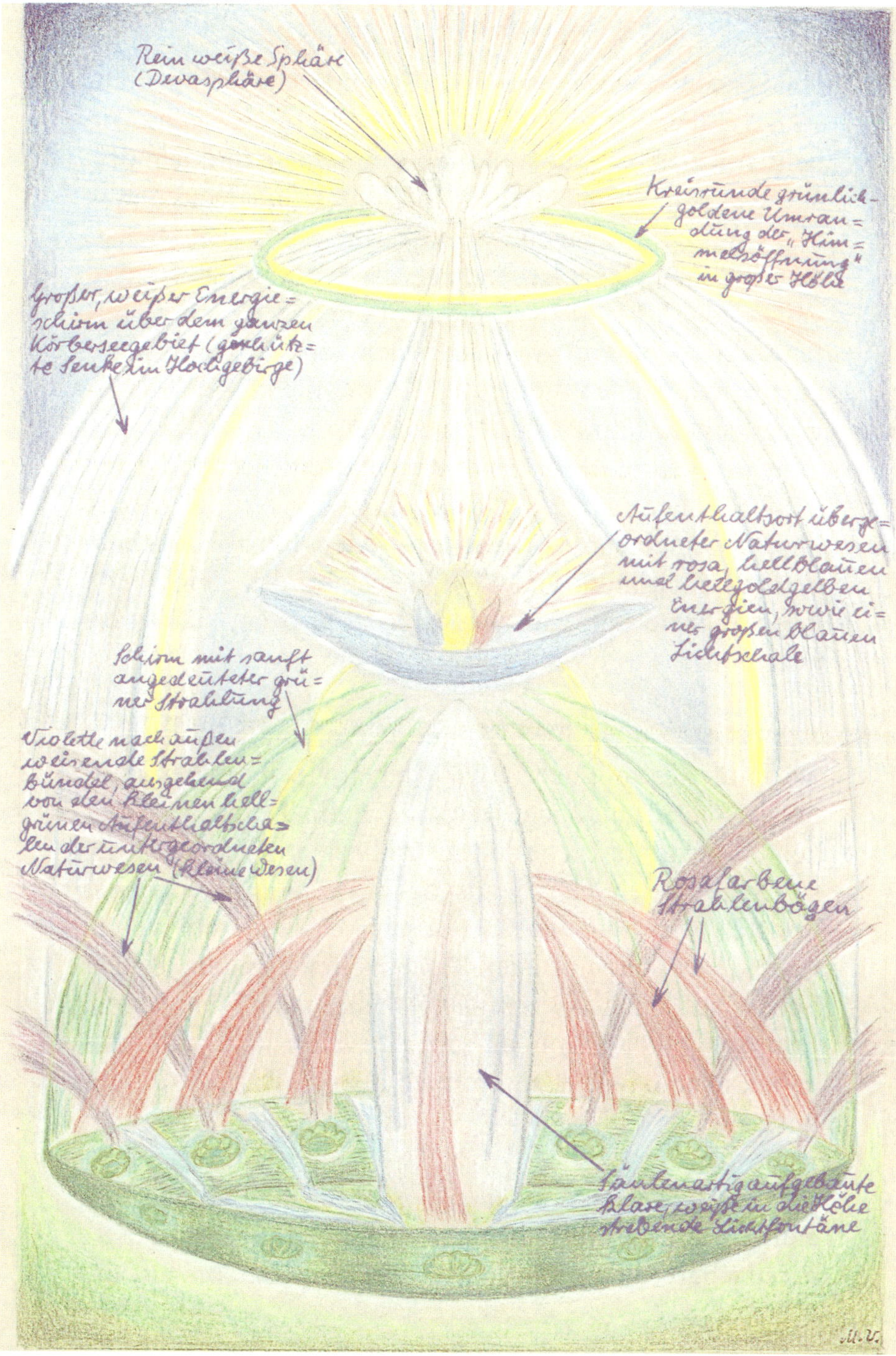
Rein weiße Sphäre (Devasphäre)
Kreisrunde grünlich-goldene Umrandung der „Himmelsöffnung" in großer Höhe
Großer, weißer Energieschirm über dem ganzen Körberseegebiet (geschützte Senke im Hochgebirge)
Aufenthaltsort übergeordneter Naturwesen mit rosa, hellblauen und hellgoldgelben Energien, sowie einer großen blauen Lichtschale
Schirm mit sanft angedeuteter grüner Strahlung
Violette nach außen weisende Strahlenbündel, ausgehend von den kleinen hellgrünen Aufenthaltsstellen der untergeordneten Naturwesen (kleine Wesen)
Rosafarbene Strahlenbögen
Säulenartig aufgebaute Blase, weiße in die Höhe strebende Lichtfontäne
M.V.

„Ihr, unsere wahren, geliebten Freunde, die Zeit scheint stillzustehen, wenn ihr in unsere Welten eintretet. Die lichten Kräfte sind überall, und wenn ihr euch ihnen öffnet, werden sie euch dienen. Ein klarer Gedanke an uns, und wir sind mit euch verbunden. Ihr erfüllt den Dienst, dem ihr euch verschrieben habt, das Licht in der Welt zu verstärken. Überall in unseren Bereichen sind die Helfer bereit, dabei mitzuwirken. Auch wir erfüllen unseren Dienst und dehnen die lichten Kräfte, die uns zur Verfügung stehen, immer weiter aus über die Erdenwelt, damit das Dunkel aufgezehrt wird und die Käfte aus den lichten Höhen immer mehr die Erdenwelt erfüllen. So ist unsere gemeinsame Arbeit ein Segen für alles Leben. Weil es noch nicht viel Menschen gibt, die gleich euch diese Dienste tun, sind wir euch zu tiefstem Dank verpflichtet.

Wir nehmen diese Verpflichtung ernst und helfen euch, wo immer es möglich ist. Wir legen einen unüberwindlichen Schutz um euch, wenn ihr in die Tiefen der Dunkelheit geht, um Licht dorthin zu bringen. Denkt an diesen Schutz auch des Abends, bevor ihr in die Tempel der Meister geht und von dort aus in die niederen Welten gesandt werdet, um euer Licht weiterzutragen. Dieser Schutz soll euch vor irgendwelchen Schäden bewahren. Die Dunkelheit hat noch viel Kraft. Es liegt auch uns daran, euch davor abzuschirmen als den Helfern, die ihr uns seid.

Manche Geschenke machen wir euch, ihr Freunde. Sie entspringen unserer Liebe zu euch, auch unserer Hilfsbereitschaft, damit all die Menschenfreunde, die auf die verschiedenste Weise der Welt, der Menschheit und der Natur dienen, es einfacher haben mit ihrem Leben und immer abgeschirmt sind von den Unbillen der niederen Welten. Wir erkennen jeden einzelnen Menschen und seine Gedanken an seiner Ausstrahlung. Wir spüren auch, ob er in Liebe in unsere Welt kommt oder ob es ihm um Profit geht, dem die Wälder dann zum Opfer fallen. Gewiss sind auch wir dazu verpflichtet, den Menschen zu helfen. Das ist unsere Natur und unsere Aufgabe. Wir tun dies gern und bringen so manches Opfer, damit es unseren Freunden in der irdischen Welt besser gehen soll. Doch irgendwo sind auch uns Grenzen in unserer Hilfsbereitschaft gesetzt, und das immer dann, wenn wir Eigennutz bei den Menschen erkennen. Dann ist es nicht unsere Aufgabe, hier Hilfe zu leisten.

So seid davon überzeugt, dass wir sehr wohl sehen, wo Hilfe angebracht ist und wo nicht. Wir haben euch mehrfach versprochen, euch die Unbillen der Natur fernzuhalten, wenn sie aus der göttlichen Ordnung gefallen ist. Wir haben euch auch versprochen, die Elemente eurer Körper anzuregen und mit unseren Kräften zu versehen, damit ihr ein besseres irdisches Gehäuse mit ihnen zusammen erschaffen könnt. Wir bieten euch den Schutz gegen die Einflüsse der niederen Welten. Und als die höchste Schwingung, die wir zu vergeben haben, gilt unsere Liebe für euch. Sie soll euch erheben über die irdischen Bindungen hinweg in die lichteren Höhen, wo auch wir angesiedelt sind, wo eure großen Lehrer zu Hause sind und wo ihr erleben werdet, wie das Wissen der Zeitalter euch zur Verfügung steht. Das alles sind unsere Gaben, die wir euch gern zur Verfügung stellen.

So geht mit den Kräften des Lichtes und der Liebe aus unserer Welt versehen, zurück in die eure und sprecht zu den Menschen über diese Verbindung mit uns, damit auch sie erkennen, wo Fehler gemacht werden und wo sie der Natur Hilfe bringen können. Das ist unsere Bitte an euch, ihr Freunde, die ihr gewiss noch zu wenig Einfluss habt, um sie zu erfüllen, aber doch hier und da ein wenig darüber sprechen könnt.

Seid gesegnet und in das funkelnde Licht aus unseren Reichen eingehüllt“.

* * *

Wieder zu Hause, arbeiteten wir mit den heilenden Energien und baten unsere Lichtfreunde um Unterstützung.

„Ein weihevoller Augenblick ist es, wenn die Kinder des Lichtes ihre Hände erheben und den Segen des Heiligen Geistes erbitten. Es ist auch ringsum eine tiefe Stille. Die Wesen der Natur und alles, was hier lebt, ist in tiefer Versenkung diesem Augenblick geöffnet. So können die Kräfte überall wirksam werden, die ihr herbeigerufen habt. Lasst den Segen der heilenden Kräfte in euch weiterwirken, denn er ist vielfältig in euch verankert worden."

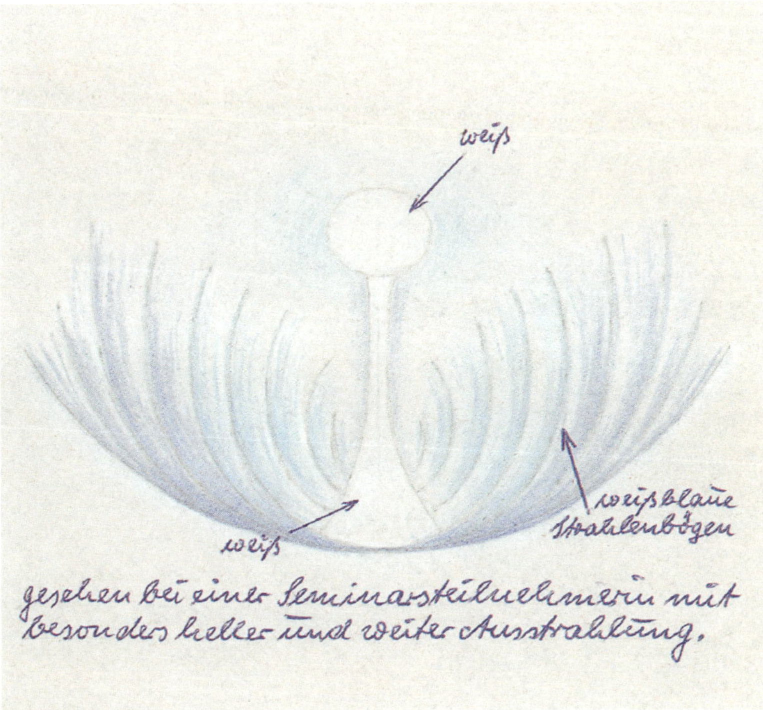

Jeweils ein Seminarist saß in der Mitte - die anderen Teilnehmer standen mit erhobenen Händen um ihn herum und strahlten heilende Energien ab. An den folgenden Aufzeichnungen (Skizzen) ist deutlich erkennbar, wie unterschiedlich die Bedürfnisse der einzelnen Lebensströme sind.

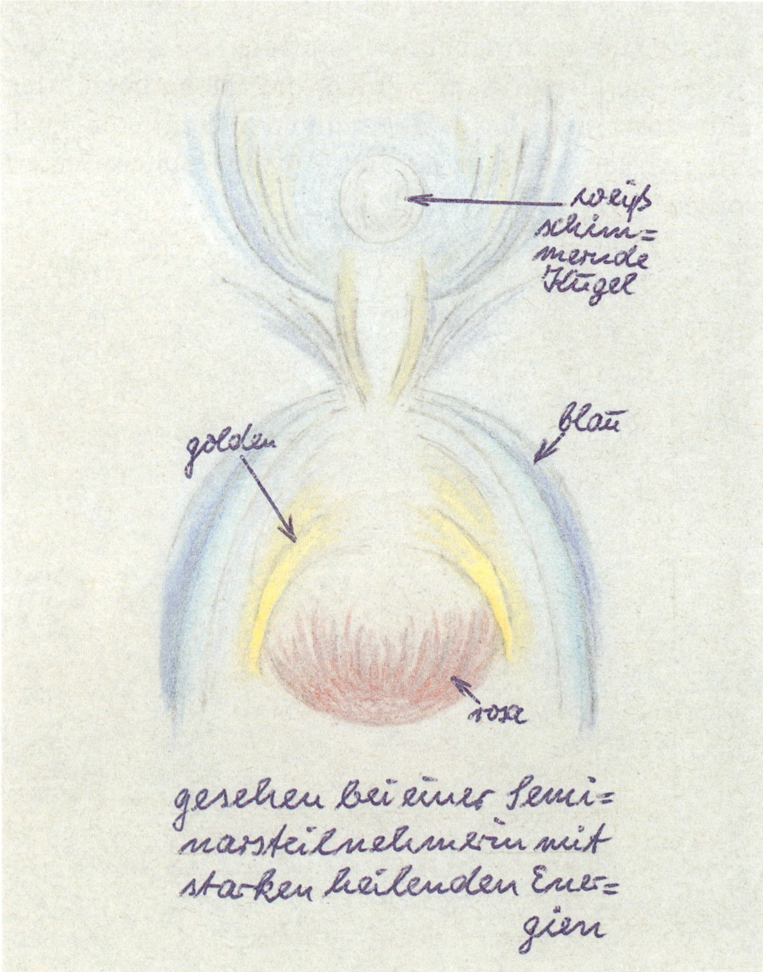

„Stellt euch vor, wie eure Körper durchflutet sind von den heilenden Kräften . . . jede Zelle ein winziges Kraftwerk dieser Strahlung . . . So ist ein Funkeln und Schimmern in und um euch. Die reinen Energien erfüllen alle Tätigkeiten der inneren Organe, schleusen weiter die kosmischen Kräfte herab, und alles wird gelenkt auch durch euer Körper-Elementarwesen und durch die Engelfreunde, die um euch sind. Eure Freunde aus dem Heilungstempel sind in großer Zahl erschienen und haben alles das in euch eingestrahlt, was notwendig für eure Entwicklung ist, was eure Körper verschönt und gesünder macht, so dass euer göttlicher Plan sich nach und nach erfüllen wird und eure Körper dem stärker werdenden Licht standhalten können."

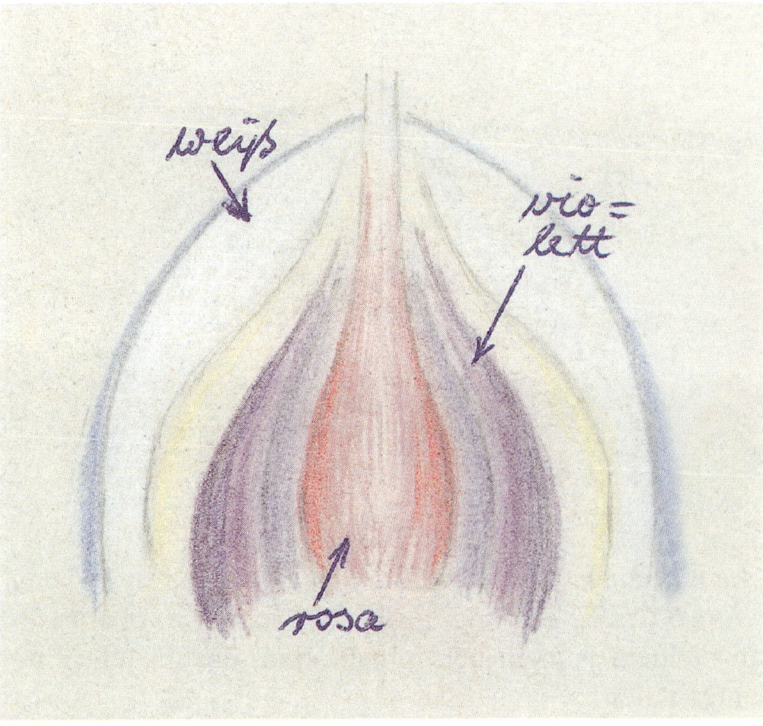

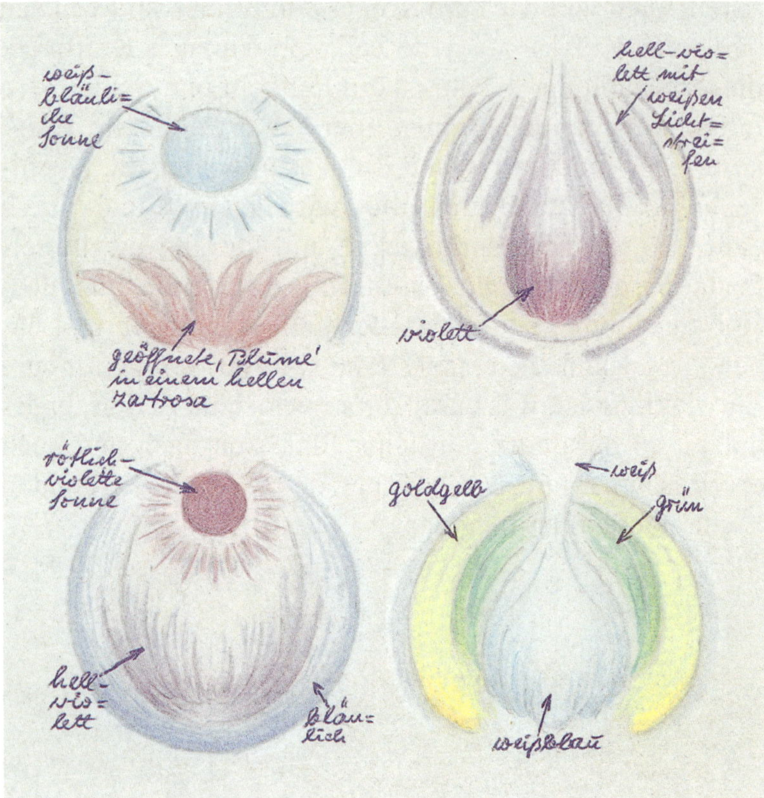

Auch in einer kleineren Gruppe können wir so arbeiten. JESUS CHRISTUS sagt uns: „...wo immer zwei oder drei in meinem Namen beisammen sind, da bin ich mitten unter ihnen..."

Unser täglicher Lichtdienst am Morgen:

In unserem Meditationsbüchlein heißt es am Donnerstag:

Moosgrüne Flamme mit goldfarbener Strahlung: Wahrheit, Heilung, Weihung und Konzentration

Im Namen meiner göttlichen Gegenwart ICH BIN weihe ich mein Leben dem Dienst für das Licht, für das Gute, indem ich nur Vollkommenes denke, mein Fühlen ruhig bleibt, liebevoll, gütig, hilfreich und glückselig und meine Augen Vollkommenheit sehen, meine Hände segnen und heilen, meine Füße die Boten des Guten sind und mein Körper stark und gewillt ist ein hilfreiches Instrument zu sein, das die göttliche Vollkommenheit zum Ausdruck bringt.

* * *

Der Aufgestiegene Meister HILARION, der Chohan des Fünften Strahles, der Heilung und Wahrheit, sagt:

„Grünes Licht bedeutet für euch Erdenkinder, dass der Weg frei ist. Wenn ihr die grüne Flamme herbeiruft, wenn ihr sie in eure Körper lenkt, bahnt sie sich den Weg zur Heilung. Sie ist der Weg, der zur Vollendung eurer Körperformen führt.

Wenn ihr eure Lichtfreunde anruft, euch die Kräfte der Heilung zu senden, so seid überzeugt davon, dass sie es tun. Allein an euch liegt es, wieweit ihr aufnahmebereit dafür seid. Es fehlt noch immer an der Durchlässigkeit für die göttlichen Käfte. Zu sehr seid ihr noch im irdischen Ich verhaftet, und dieses Ich setzt euch Grenzen. Die grüne Flamme bedeutet aber auch Wahrheit, und Wahrheit ist Vollkommenheit.

Im Lichte der göttlichen Wahrheit erkennt ihr den Sinn eures Dienens. Seid immer bemüht um Wahrheit in eurem eigenen Herzen. Dazu gehört auch die Reinheit eures Beweggrundes. Ihr dient dem Ganzen, wenn ihr als Ziel die Befreiung des Lebens von allen Unvollkommenheiten seht. Euer eigener Fortschritt wird damit gleichfalls beschleunigt, sollte jedoch niemals im Vordergrund eures Bemühens stehen. Darüber muss Klarheit in eurem Bewusstsein herrschen. Der göttliche Plan eures Lebens duldet keine Seiten- und Umwege mehr, haltet euch frei von allem persönlichen Wollen, denn euer eigenes Ziel kann nur über den Fortschritt des Ganzen erreicht werden. Auch das ist ein wichtiger Aspekt der Wahrheit, den viele Schüler noch nicht erkennen können.

Seht das irdische Leben von einer höheren Warte, und die äußeren Dinge treten in den Hintergrund.

Ihr steht im Lichte der göttlichen Wahrheit - laßt sie in alles fließen, was euer Leben ausmacht. Die Wahrheit ist rein und vollkommen, und wenn ihr sie auf euren Weg voraussendet, kann nichts Unvollkommenes mehr um euch sein. Das Licht der Wahrheit bringt alles hervor, was gut und schön ist und lässt das Niedere abfallen, denn es ist nicht wahr!"

(In früheren Brücke-Schriften ist häufig von dem smaragdgrünen Heilungsstrahl die Rede. Wie wir feststellten, gibt es Moos in den verschiedensten Grüntönen, so auch smaragdfarbig.)

Was können wir tun, um unsere Physis zu verbessern, wenn wir allein mit uns arbeiten?

Heilende Hände

Erhebt eure linke Hand auf die Höhe eures Kopfes, als würdet ihr ein Glas Wasser in der Hand halten. Dann haltet ihr die rechte Hand vor euch, die innere Seite nach unten gerichtet, und ruft die göttliche Hierarchie und ihre geistigen Kräfte an, speziell jene der Heilengel:

„Mächtige ICH BIN-Gegenwart und ihr gesegneten Wesen aus dem Tempel der Heilung, sendet eure mächtigen kosmischen Strahlen aus, welche die göttlichen Energien durch die Atmosphäre der Erde fluten lassen. Lasst diese Strahlen durch meine Hände fließen und meinen Körper segnen und heilen.

Bleibt bei dieser Handlung einen Moment in der Stille und visualisiert die smaragdgrünen Strahlen, wie sie durch eure Hände in den Körper fließen.

Lasst uns mit dem Magen beginnen. Er ist der Sitz der meisten Probleme, weil er zuerst von den Gefühlserregungen betroffen wird. Legt die rechte Hand auf den Solarplexus, während die linke erhoben bleibt zum Empfang der kosmischen Strahlen. Mit einer zarten Kreisbewegung im Uhrzeigersinn lasst nun die heilenden Strahlen in den Körper strömen. Diese Übung kann Wunder vollbringen - aber bitte mit dem Körper-Elementarwesen und voller Liebe zum eigenen Körper arbeiten. Jede Zelle besitzt Intelligenz und unterliegt kosmischen Gesetzen.

Versucht inniger mit eurem Körper zusammenzuarbeiten - sprecht mit euch selbst - euer Körper wird euch antworten. Dankt für die Möglichkeit, in dieser Welt Erfahrungen zu sammeln und Frieden und Harmonie in euch zu manifestieren. Wenn das gelingt, seid ihr in ständiger Urlaubsstimmung, ausstrahlende Zentren von Licht, Frieden, Harmonie und Liebe, und in eurem Körper wird sich nach und nach die Perfektion des Lebens manifestieren."

Wir rufen Erzengel RAPHAEL und bitten ihn, uns bei unseren Heilungsbemühungen zu unterstützen.

Er gibt uns den folgenden Segen:

„Ihr Kinder des Lichtes, die ihr euch dem Dienst für die Erde und all ihr Leben geweiht habt, ich grüße euch! Ihr habt den Segen der Heilung herbeigerufen. Durch euch fließen diese Ströme, und ich bin gekommen, sie zu verstärken. Öffnet euer Bewusstsein diesem Geschehen und seht euch selbst als einen solchen weit offenen Kelch, in den die Gaben und die Kräfte aus der Universalen Quelle hineinströmen . . .

Heruntertransformierte kosmische Energien sammeln sich unterhalb eines Brennpunktes in einer goldenen Kugel, die von einem Lichttrichter geschützt und umhüllt ist. Konzentrierte weißblaue Energien verlaufen von der Kugel aus senkrecht nach unten, umgeben von sich verteilenden hellgoldgelben Strahlen. Über einen grünen Lichtschirm strömen heilende Begleitenergien in die Lichtschüler ein. Von dem Brennpunkt fluten zugleich kraftvolle Lichtenergien in die Umgebung hinaus.

Schaut nun, wie diese Kraftströme von euch ausgehen, wie jeder von euch ein Mittelpunkt, ein strahlendes Kraftfeld für die heilenden Kräfte ist . . .

Euer göttliches Ich ist der Leiter dieser Kräfte, und ihr seid ein Teil von ihm. Seht euch niemals getrennt von eurer göttlichen Quelle, alles, was in ihr ruht, ist auch euer.

Viele Helfer sind mit mir gekommen, um die heilenden Kräfte hinauszutragen, die ihr in Bewegung gesetzt habt. Es ist ein herrliches Bild, wie diese lichtgrünen Bänder hinausgestrahlt und weitergetragen werden zu allem Leben, das noch der Heilung bedarf.

Wir sind dankbar für jeden Helfer auf der irdischen Ebene, der sich bereitmacht, ein Brennpunkt für die Heilungskräfte zu sein, und wir danken auch euch für diesen Dienst. Ruft mich herbei, wenn ihr eine solche Segnung für die Erde herbeiführen wollt. Die Helfer stehen dafür bereit, so wie auch ich,

euer Bruder im Licht RAPHAEL"

* * *

Arbeit für die in andere Sphären hinübergegangenen Lebensströme:

Anrufung M 15 für die Schwester eines Lichtschülers gesprochen, der schon zu Lebzeiten seiner Schwester geistig sehr viel mit ihr gearbeitet und sie immer in Licht und Liebe und heilende Energien eingehüllt hat.

Geliebte Gegenwart Gottes ICH BIN in........................ (Hinübergegangene) und großer Erzengel MICHAEL, wir rufen euch an: Befreit diese Seele von ihren Unvollkommenheiten, hüllt sie in eine mächtige Lichtrüstung und führt sie sicher durch die niederen Welten. Steht ihr bei, damit sie ihren weiteren Weg erkennt.
„ICH BIN die Auferstehung und das Leben in ...” (3x)

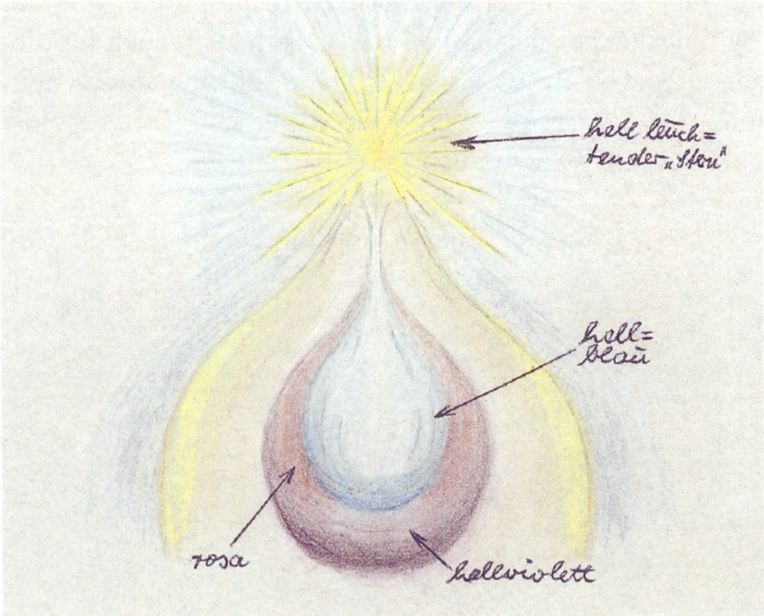

Geliebte Gegenwart Gottes ICH BIN in........................ (Hinübergegangene) und großer Erzengel MICHAEL, wir rufen euch an: Befreit diese Seele von ihren Unvollkommenheiten, hüllt sie in eine mächtige Lichtrüstung und führt sie sicher durch die niederen Welten. Steht ihr bei, damit sie ihren weiteren Weg erkennt.
„ICH BIN die Auferstehung und das Leben in ...” (3x)

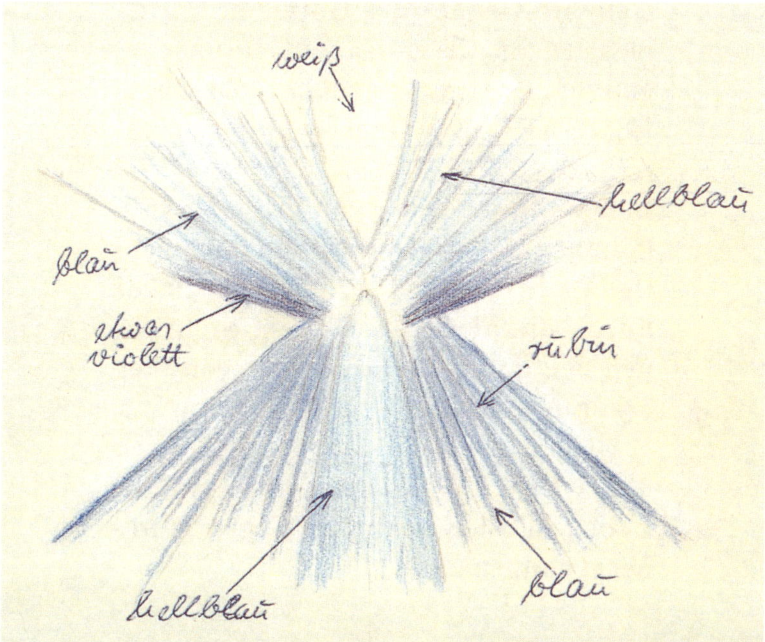

Diese Lichtenergien zeigten sich nach der M15-Anrufung für einen befreundeten Mediziner, der sich sehr für die Naturheilkunde und den biologischen Landbau eingesetzt hat.

M15
Geliebte Gegenwart Gottes ICH BIN in allen in diesen Tagen Hinübergegangenen und großer Erzengel MICHAEL, wir rufen euch an:

Befreit diese Seelen von ihren Unvollkommenheiten. Hüllt sie in eine mächtige Lichtrüstung und führt sie sicher durch die niederen Welten. Steht ihnen bei, damit sie ihren weiteren Weg erkennen.

***ICH BIN die Auferstehung und das Leben in allen in diesen Tagen Hinübergegangenen.* (3x)**

M15 – Anrufung für alle in diesen Tagen Hinübergegangenen, vor allem für die am Martinitag, 11.11.2000 in Kaprun (Salzburgerland) bei einem verheerenden Bergbahnbrand in einem Tunnel der Kitzsteinhornbahn tragisch ums Leben gekommenen (verbrannten) 155 vor allem jungen Wintersportler (davon 92 aus Österreich und 37 aus Süddeutschland, hauptsächlich Bayern).

Wir arbeiten für die Welt:

H 1

Im Namen der Gegenwart Gottes ICH BIN bitten wir dich, geliebter Meister HILARION, und euch, ihr großen Wesen vom Heilungsstrahl:
Lenkt eure heilenden Kräfte durch unser Denken und Fühlen und jeden Körperteil, damit wir vollkommen gesund und ein geeignetes Instrument im Dienste der Aufgestiegenen Lichtscharen sind.
Was wir für uns erbitten, möge auch für alle unsere Lieben gelten (besonders für ......). Sendet eure Legionen der Heilengel in alle Krankenhäuser und Anstalten und zu allen Leidenden auf der ganzen Erde.
Wir danken euch!

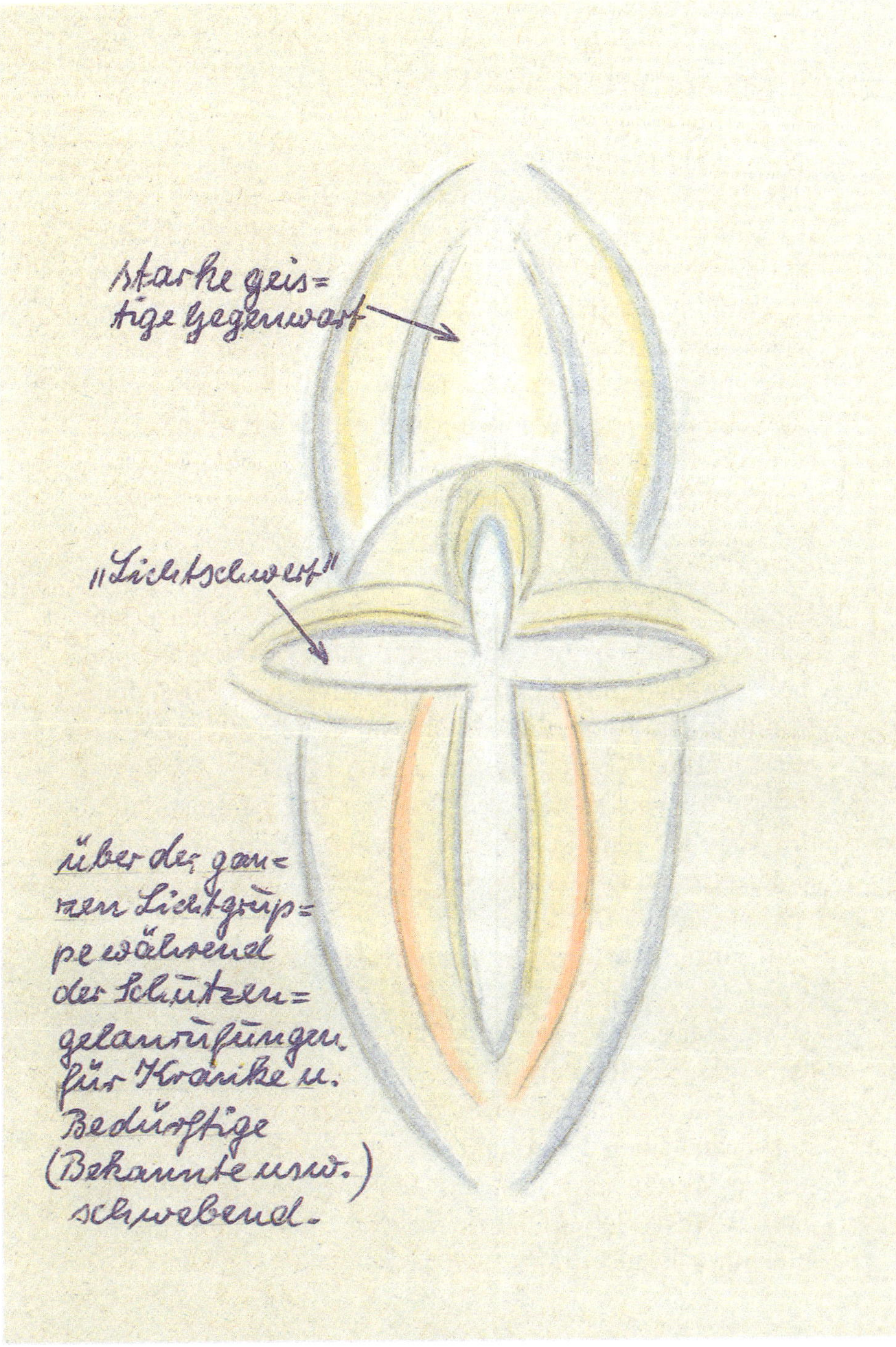
starke geis=
tige Gegenwart
„Lichtschwert"
über der gan=
zen Lichtgrup=
pe während
der Schutzen=
gelanrufungen
für Kranke u.
Bedürftige
(Bekannte usw.)
schwebend.

„Hast du deine Lektion gelernt, geliebter Schüler, wenn die Erneuerung der Erde beginnt und viele Veränderungen eintreten werden? Bist du imstande, das eigene Leben zugunsten deines Nächsten einzusetzen? Ist dir bewusst, dass alles Bisherige an Bedeutung verliert und eine völlig neue Welt erstehen wird? Eine Welt, in der nicht mehr die Stellung des Einzelnen zählt, sondern nur seine Verbundenheit mit den Kräften des Lichtes, die ihn in den Stand setzen, zu helfen und sich den veränderten Umständen anzupassen.

Diese Zeit, ihr Schüler, wird alles, was ihr bisher erlebt habt, in den Schatten stellen und eure Fähigkeiten und das Vertrauen in die eigenen Kräfte herausfordern. Jede Möglichkeit, die dies alles stärkt und wachruft, sollte genutzt werden, denn es liegen Kräfte in euch, von denen ihr kaum etwas ahnt. Diese Zeit, von der schon so lange die Rede ist, wird kommen. In welcher Form und Intensität, entscheidet die Menschheit durch ihr Verhalten."

Seht voller Hoffnung in eine bessere Zukunft

„Weit über eure Vorstellung hinaus, ihr Schüler des Lichtes, ergießen sich eure Energien in die Welt, in alle Zustände, in die ihr sie lenkt. Sie werden machtvoll verstärkt von einer unendlichen Zahl von Helfern aus den lichten Welten und auch aus den Zwischenreichen, wo überall Wesen leben, die es euch gleichtun, ihre Energien sammeln und in die Welt lenken. So vergrößert sich ständig die Zahl der Seelen und Wesenheiten, die sich an eurer Arbeit beteiligen. Dieser Lichtstrom kann nicht mehr aufgehalten werden. Es sind die Energien auch der großen Lichtwesen damit verbunden.

So wird schneller, als ihr es vielleicht noch heute erwartet, dieses Licht sichtbar in die Erdenwelt strömen, und auch die Augen der Menschen werden sich dafür öffnen."

Die Wirksamkeit gleichlautender Anrufungen

„Die Einheitlichkeit der Anrufungen vieler Schüler ist ein wichtiger Punkt eurer gemeinsamen Arbeit. Es entstehen dadurch gleichschwingende Energieströme, die es auch den geistigen Helfern, die eure Arbeit unterstützen, leichter machen, die Energien auf einen gemeinsamen Nenner zu bringen. Wir können dadurch die Lichtkräfte gezielter lenken und dort einsetzen, wo sie die größtmögliche Wirkung erzielen.

Lasst euch darum bitten, dies weiterhin zu tun und das Wissen darüber zu verbreiten, damit sich immer mehr Schüler dieser gemeinsamen Arbeit anschließen. Die Kräfte, die dadurch entstehen, sind ungleich größer, als wenn jeder Schüler seine eigenen, selbst formulierten Anrufungen sprechen würde."

Ein Segen des Heiligen Geistes:

„In weihevoller Stille verharren alle Wesen, die an euren Lichtfesten teilnehmen, wenn der Segen des Heiligen Geistes in euch einfließt. Starke Schwingungen sind damit verbunden, und alles, was ihr für euer Leben und den Dienst für das Licht braucht, ist darin enthalten. Jedesmal, wenn ihr euch diesem Segen zuwendet, wird ein wenig mehr in euch davon verankert.

So nehmt unseren Segen mit in eure Welt, in euren Alltag. Lasst die Liebe vorausstrahlen auf alles, was ihr zu tun habt, auf euren Nächsten, eure Mitmenschen und auf alles Leben."

Kreisrunde Abschlußenergie ca. 3–
4 m über dem Andachtsraum.
Anteilige Farbenergien:
milchigweiß, gelbl.-
weiß und ein
leichter Hauch
von rosa
Außen Ø
ca. 2½ - 3 m

Abschlusssbotschaft nach einem Seminar:

„Erinnerungen steigen in euch auf, wenn ihr nach innen horcht - Erinnerungen an die lichten Reiche, in denen ihr zwischen euren Verkörperungen gelebt habt und in die ihr auch des Nachts eintretet, wenn euer physischer Körper ruht. Dieses schöne, erhabene Gefühl solltet ihr auch oft in eurem Alltag wieder aufbauen, denn ihr seid ja verbunden und umgeben von den lichten Welten. Es bedarf nur einer winzigen Erhöhung eurer Schwingung, um wieder an diese Schönheit heranzureichen. So lasst euch raten, alles zu tun, um dieses Zwischenziel zu erreichen. Es ist der nächste Schritt, den ihr tun müsst, um weiter voranzukommen. Erst dann, wenn ihr dazu in der Lage seid, werden euch die Belehrungen zuteil, die euer ganz persönliches Leben betreffen, eure Aufgabe, euren Weg, euren Fortschritt.

Darum bemüht euch in der nächsten Zeit, wenn ihr wieder in eure Welt zurückkehrt. Lernt erkennen, was dazu erforderlich ist, um diesen Schritt aufwärtssteigen zu können. Viel haben wir euch darüber erklärt, doch es ist an euch, diesen Ratschlägen zu folgen und alte Belastungen abzulegen, um euer Bewusstsein schweifen lassen zu können in die lichten Reiche, in denen euer wahres Zuhause ist. Der physische Körper hält euch noch immer davon ab. Wenn ihr ihn genügend durchlichtet und gereinigt habt, wird euch dieser Schritt möglich sein.

Diese Aufgabe möchten wir euch mitgeben auf euren weiteren Weg. Wir hoffen sehr, dass ihr sie bald erfüllt, damit wir euch unsere starken Kräfte übertragen können, unsere Hinweise und Belehrungen für euren Weg und auch für die nächsten Schritte, die in eurem irdischen Leben anstehen, damit ihr sicher gehen könnt in dem Bewusstsein: Dies i s t mein Weg!

Geliebte Freunde, lasst euch Dank sagen für euer Bemühen, das Licht in die Welt zu tragen und der Naturwelt, die es so nötig hat, eure Unterstützung zu geben. So nehmt den Segen aus unserer Welt mit, der immer verbunden ist mit unser aller Liebe für die Schüler und mit dem Versprechen unserer Fürsorge und Hinwendung an euch, die ihr uns in langer Zeit ans Herz gewachsen seid und die nun den Weg zum wahren Ziel des Lebens erkannt haben.

Geht hinaus, eingehüllt in die Liebe unserer Herzen, in die schützende Strahlung, die euch immer umgeben möge, und in die mächtigen Strahlenkräfte, die wir um euch legen, wenn ihr eure Dienste tut. Fühlt euch verbunden mit uns in eurem Alltag und während eurer Lichtdienste.

Segen und Licht auf euren Weg!"

Während Senta's Botschaft

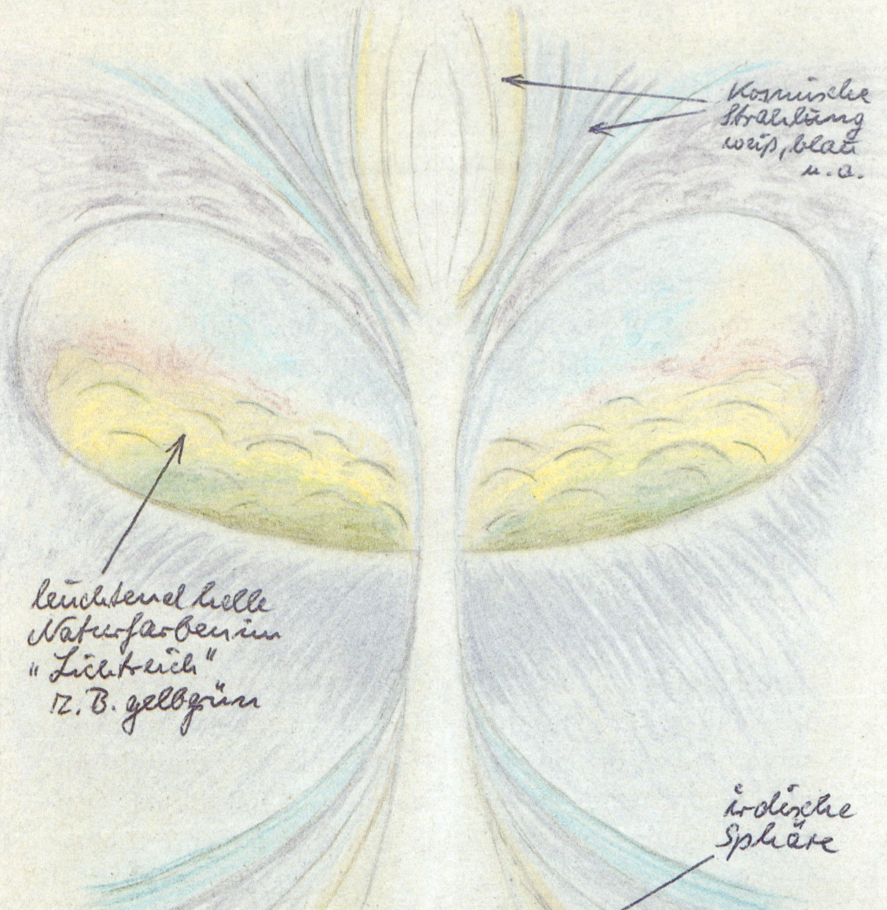

Die Botschaft handelte davon, daß wir immer wieder in Lichtreichen gelebt haben zwischen den einzelnen Verkörperungen und durch entsprechende Meditation unsere Erinnerung an diese Reiche geweckt werden kann. Wo immer wir sind oder stehen u. gewesen sind, besteht eine stetige Verbindung zu den hohen kosmischen Strahlen.

Das Wunder des Lichtes in uns

„Die Wunder des Lebens erfüllen noch immer die Welt, auch wenn der Mensch genau hinsehen muss, um sie zu erkennen. Seht auch in euer Herz und seht dort das Wunder des L i c h t e s sich entfalten . . . , die Strahlkraft, die in euch verankert ist . . . seht, wie sie sich ausweitet und euer ganzes Dasein erfüllt . . . Dieses Licht ist für alle Zeiten in jedem Lebewesen angelegt. Ihr habt das Wissen darüber, und wenn sich das Licht machtvoll ausweitet, werdet ihr in den Zustand der Erleuchtung eintreten, in das starke kosmische Licht, das euch in den Stand setzt, euch zu erheben in die lichten Sphären, in die Gegenwart eurer Lichtfreunde.

Gebt das Licht frei in euch, lenkt es in alle Zustände, die ihm nicht entsprechen. Lenkt es auch in euer äußeres Selbst.

So kommt und tretet ein in die mächtige Strahlkraft, die auch die Weisheit beinhaltet und die Liebe zu euren Mitmenschen. Tretet ein in unseren Brennpunkt, in dem diese Kraft gehütet wird. Lasst euch von der Liebe eurer großen Lichtfreunde umfangen und lenkt all das, was ihr hier erhaltet, in eure Welt zum Segen des Lebens.

Erfüllt mit der Liebe, die euch hier umfängt, geht hinaus in eure Welt und gebt alles Empfangene weiter. Darum bitten wir euch, denn die Kräfte, die wir hier hüten, sollen in den Menschen Wurzel fassen. Sorgt mit dafür, dass es so sein wird!

Vergesst nie euren Lichtschutz

Visualisiert euren Lichtmantel als blendendes, loderndes weißes Licht, das durch eure Silberschnur in euch einstrahlt - seht, wie es euch durchdringt und um euren Körper herum in mindestens einem Meter Abstand und von einem Meter Stärke euch umgibt. Der Lichtmantel sollte täglich mehrere Male hervorgerufen und mit der violetten Umwandlungsflamme erfüllt werden. Dieser Lichtschutz hält alle herumstreichenden Gedanken- und Gefühlskräfte ab, auch alle negativen Worte und Taten anderer.

Solche zerstörerischen Gedanken- und Gefühlsformen schweben ständig in der Atmosphäre der Erde herum - und ohne euren Lichtschutz auch in eurer Aura. Ist ein Mensch aber absolut harmonisch in sich, inmitten seines Lichtmantels, so ist das ein unüberwindlicher Schutz, genauso wie ein guter Taucheranzug zuverlässig gegen Wasser schützt.

Stellt euch vor, wie euer göttliches Ich als strahlendes Lichtgewand euch umhüllt, weiter und größer als euer physisches Kleid . . . Versucht zu spüren, wie es euch Schutz bietet und seine göttlichen Kräfte in euch einfließen . .. So seid ihr behütet und geborgen . . . Jetzt seht, wie euer niederes Selbst sich diesem Druck des Lichtes hingibt, sich ihm öffnet - fühlt es und wisst: ICH BIN das ICH BIN.

Inhaltsverzeichnis